Bruder Jordan
Sohn des Ruhrgebiets un

P. Damian Bieger ofm

Bruder Jordan Mai

Sohn des Ruhrgebiets und Franziskaner

P. Damian Bieger ofm

Herausgegeben vom
Bruder-Jordan-Werk
Dortmund

Aschendorff Verlag

Titelbild: Regina Kreutner
Umschlaggestaltung: ®K-DESIGNBÜRO, www.rk-designbuero.de

Bruder-Jordan-Werk, Dortmund
www.bruder-jordan-mai.de

© 2022 Aschendorff Verlag GmbH & Co. KG, Münster
www.aschendorff-buchverlag.de

Printed in Germany
Gedruckt auf säurefreiem, alterungsbeständigem Papier ⊗

ISBN: 978-3-402-24792-1
ISBN (E-Book-PDF): 978-3-402-24793-8

Inhalt

Einleitung 7

Kapitel 1
Herkunft aus dem Ackerdorf Buer 13

Kapitel 2
Schule, Ausbildung und Militärzeit während
des Kulturkampfes (1871–1888) 25

Kapitel 3
Geburt einer Zechenstadt 45

Kapitel 4
Aus Heinrich wird Jordan: Eintritt bei den Franziskanern 59

Kapitel 5
Der „Weg zum Himmel" in der Spiritualität
des 19. Jahrhunderts 77

Kapitel 6
Die Dortmunder Jahre 95

Kapitel 7
Krankheit und Tod 115

Kapitel 8
Der Nothelfer – Beginn der Verehrung 135

Inhalt

Kapitel 9
Zugänge zu Jordan, dem Franziskaner   155

Endnoten   161

Quellen und Literatur   175

Zeitleiste zum Leben von Bruder Jordan Mai   183

Einleitung

Am 20. Februar 2022 jährt sich der Tod von Heinrich (Bruder Jordan) Mai zum 100. Mal. Zu diesem Anlass schien es sinnvoll, neben die mittlerweile in die Jahre gekommenen Biographie von Pater Alois Eilers aus dem Jahr 1962, einen neuen Text zu stellen. Im Vorwort zur ersten Auflage führte er seine Quellen auf: Akten des Bischöflichen Informativprozesses (1934–1937), die Protokolle von Lebensgefährten, die zur Vorbereitung dieses Prozesses eingeholt worden waren, Berichte, die Provinzial Meinrad Vonderheide im Jahr 1950 angefordert hatte, Protokolle von Augenzeugen, zum Teil mit eidesstattlicher Erklärung abgesichert. „So ist im vorliegenden Buch jede Begebenheit aus dem Leben Bruder Jordans und jedes seiner direkt oder indirekt zitierten Worte glaubwürdig belegt."[1]

P. Alois hat das Ergebnis seines beeindruckenden Fleißes und die vielen Fäden der Zeugnisse zu einem dichten, fast schon romanhaften, Bericht verwoben. Ihn leitete, trotz eigener ausdrücklich erklärter Sorge, einen zu spröden Text zu schaffen, ganz offensichtlich der Wunsch nach einer für ein breiteres Publikum gut lesbaren Geschichte. Fußnoten und Literaturverweise hätten da wohl nur gestört.

Das hatte leider den Effekt, dass bei der Schilderung mancher Details schlicht nicht nachprüfbar ist, ob bestimmte Sachverhalte historisch oder nachempfunden sind. Eines von vielen möglichen Beispielen sind etwa Jordans Versetzungen. Hier weiß P. Alois um ein Gespräch des Küchenbruders mit Provinzial

Irenäus Bierbaum in Münster, das so nicht überprüfbar ist. Auch werden manche Aussprüche des Franziskaners, die Zeugen im Informativprozess erinnerten, im Text unmittelbar als direkte wörtliche Rede Jordans wiedergegeben. Ähnliches gilt für Fakten, die als indirekte Rede von Zeugen in den Akten stehen.

Beim Umgang mit Bruder Jordan ist weiter zu berücksichtigen, dass seine für alle Beteiligten überraschende und mit Macht aufkommende Verehrung viel später gemachte Aussagen bereits beeinflusst haben könnten. Gerade hier ist es bedauerlich, dass bei P. Alois nicht zu unterscheiden ist, wann wer was zu Jordans Biographie beigesteuert hat. Es bleibt auch offen, nach welchen Kriterien er seinen Stoff angeordnet hat. Insofern kann der Leser das Buch eins zu eins als Quelle betrachten, er kann aber das Zustandekommen einzelner Fakten nicht nachverfolgen.

Für eine neue Biographie war deshalb der Schritt zurück zur Quelle unabdinglich! Von Jordan selber liegen die Briefe vor, die er zwischen 1907 und 1921 geschrieben hat; es wird die letzte Ausgabe durch P. Theo Maschke ofm verwendet. Als weitere Hauptquelle wurden die auch von P. Alois verwendeten Akten des Bischöflichen Informativprozesses neu ausgewertet. Es sind dabei die 79 Zeugenaussagen in Deutschland und die Zeugenaussage von Br. Andreas Mock in Italien aufgegriffen worden; der Prozess in Cleveland (USA) wurde nicht berücksichtigt, weil es dabei um die Ermittlung von Heilungen nach Jordans Tod ging und nicht um biographische Fakten seines Lebens. Verwendet wurden aber die in den Akten angelegten Dokumentationen von persönlichen Unterlagen Br. Jordans und auch die Korrespondenz des Provinzialates ab dem November 1923, als die Jordanverehrung im Generalvikariat Paderborn und im Düsseldorfer Provinzialat bekannt wurde. In Einzelfällen wurden Faszikel aus dem Archiv der Vizepostulatur, dem heutigen Bruder Jordan Werk, hinzugezogen.

Vermittelt über die Aussagen im Informativprozess sind zwei wichtige Quellen über Jordans inneres Leben eindeutig bestimmbar: Der Katechismus von Bernhard Overberg und das Brüdergebetbuch „Der Weg zum Himmel". Diese Quellen werden hinzugezogen, um den Einfluss der damaligen geistigen Welt auf Jordan zu illustrieren.

Als weitere Quellen für die Biographie wurden die Provinzzeitschrift der Sächsischen Provinz, „Vita Seraphica" ab 1922 und die Hefte von „Bruder Jordans Weg" ausgewertet. Gerade für das Umfeld der Herkunft hat ab den 90er Jahren des 20. Jahrhunderts Gottfried Beer in „Bruder Jordans Weg" viele wichtige Details zusammengetragen, um das Umfeld in Buer auszuleuchten.

Br. Jordan verbrachte den längsten Zeitraum seines Ordenslebens im Kloster Dortmund. Dort wurde aber erst in den letzten Jahren das Hausarchiv geordnet. Auch wenn die Quellen hier nicht allzu reichlich fließen, werden sie zum Teil mit aufgenommen. Zu Jordan selber gibt es hier leider wenig, allerdings kann das Dortmunder Umfeld besser illustriert werden.

Jede Zeit betrachtet die Vergangenheit immer mit ihren eigenen Fragen und ihrem eigenen Horizont! So ergeht es auch dieser Biographie. Bei allem echten Respekt vor der Leistung von P. Alois entscheidet sie sich für einen anderen Weg beim Umgang mit dem Leben von Heinrich Mai, dem späteren Bruder Jordan.

Es ist ein verblüffender Zufall – oder vielleicht auch nicht –, dass die Lebensspanne des in Buer geborenen Mannes durch Geburt im Jahr 1866 und Tod im Jahr 1922 in eine Zeit fiel, die in vielerlei Hinsicht für den deutschen Katholizismus bedeutsam war. Sein Leben lag ziemlich genau in der Phase, die in der Forschung als der entscheidende Zeitraum für die Ausbildung des so genannten Katholischen Milieus besprochen wird. Dieses Milieu war gekennzeichnet durch einen „hohen Organisationsgrad" im katholischen Vereinswesen, eine „gemeinsame rituelle Praxis" durch die so genannte ultramontane Frömmigkeit und eine „parteipolitische Vertretung" in der Zentrumspartei. Allerdings sind die Kategorien für eine Bewertung dieses Phänomens zuletzt heftig diskutiert worden[2].

Hinzu kommt, dass ab Anfang der 90er Jahre des 20. Jahrhunderts wichtige Werke der Ordensgeschichte des 19. und 20. Jahrhunderts erschienen sind, die es ermöglichen, das Leben des „seligen" Bruders in den Kontext der Provinzgeschichte der Sächsischen Franziskanerprovinz zu stellen. Hier sei auf die Arbeiten von Gisela Fleckenstein[3], Relinde Meiwes[4] und die monumentale Provinzgeschichte der Saxonia[5] verwiesen.

Es gibt im Bereich der Franziskanerobservanten keine Biographie eines Laienbruders, die einem höheren Anspruch Stand hält[6]. Das ist umso bedauerlicher, weil nicht unterschätzt werden sollte, wie vollkommen anders die Stellung der Laienbrüder im Minderbrüderorden vor der Reform der Generalkonstitutionen im Jahr 1967 beziehungsweise 1987 innerhalb des Ordens war. Br. Jordan ist insofern Vertreter einer Generation von Laienbrüdern mit eigenen Idealen und eigener Frömmigkeit, die als vergangen gelten muss. Was waren die Wurzeln dieser Frömmigkeit? Wie „franziskanisch" war diese Frömmigkeit?

Einleitung

Das Ergebnis dieser Überlegungen ist also ein Text, der zwischen einer populären Biographie und einer wissenschaftlichen Arbeit angesiedelt werden muss.

Es ist erklärtes Ziel, die Quellen als Quellen erkennbar zu machen. Im Idealfall tritt dadurch der heutige Leser in ein Gespräch mit den Zeuginnen und Zeugen der Vergangenheit. Durch die Hinzunahme von Hintergrundinformationen sollen die damaligen Geschehnisse und Aussagen den Nachgeborenen aus dem Kontext besser verständlich gemacht werden. Möglicherweise kommt das etwas akademisch herüber, soll aber nachvollziehbar machen, wie es zu bestimmten Aussagen kommt. Dabei ergibt sich die Möglichkeit, bestimmte, zentrale Zusammenhänge mit den Ausführungen von P. Alois abzugleichen. Andererseits kann diese Biographie nicht jedem wissenschaftlichen Anspruch genügen, weil zu befürchten steht, dass dann schlimmstenfalls den Leserinnen und Lesern ein trockenes, schwer bekömmliches Stück Forschungsprosa aufgetischt würde. Und das wäre sicherlich nicht im Sinne des demütigen Küchenbruders aus Buer, dem ein Mitbruder das Zeugnis ausstellte: „Er kochte mit Liebe!"[7]

In der Hoffnung, dass meine Worte die Wertschätzung und vielleicht sogar Verehrung für einen in seiner Bescheidenheit und Liebenswürdigkeit außergewöhnlichen Franziskaner stärken oder wecken können, danke ich allen, die zum Gelingen dieses Buches beigetragen haben: Br. Klaus Albers ofm, meinen Dortmunder Mitbrüdern, Herrn Bernd Hagemann aus der Gemeinde St. Urbanus in Buer, P. Dominikus Göcking ofm, sowie den Mitarbeiterinnen und Mitarbeitern der Fachstelle Franziskanische Forschung in Münster.

11

Kapitel 1
Herkunft aus dem Ackerdorf Buer

Heinrich Mai stammte aus Buer in Westfalen, heute ein Stadtteil von Gelsenkirchen; dort wurde er am 1. September 1866
in eine vielköpfige Familie geboren. Der Vater, Heinrich Mai
(1823–1895), hatte im Jahr 1850 Elisabeth Wittkamp (1827–
1892) geheiratet. Aus dieser Verbindung entstammten die Kinder Josefine (1850–1928), Peter (1852–1907), Gertrud (1856–
1927), Bernhardine (1859–1922) und Antonetta (1864–1941).
Vor Heinrichs Geburt waren schon im Jahr 1854 der Bruder
Hermann, im Jahr 1860 die Schwester Angela und ein weiterer
Bruder Theodor im Jahr 1862 verstorben. Nach Heinrich wurde
noch der Bruder Bernhard (1869–1952) geboren.

Was war das für eine Welt, die der spätere Bruder Jordan Mai
betrat?

Ein Zeuge im Seligsprechungsprozess, der den späteren Bruder Jordan von daher persönlich kannte, dass er gemeinsam
mit ihm Kühe auf die Weide getrieben hatte, brachte es auf den
Punkt: „Buer war damals ein kleines Ackerdorf von etwa 4500
Einwohnern."[8] Denn im Kern bestand Buer in dieser Zeit tatsächlich aus einer Ansammlung von 14 Bauernschaften.[9]

Wohlgemerkt: Der Rede von der ländlichen Welt widersprach
nicht, dass der Ort selbstbewusst auf eine lange Geschichte zu-
rückblicken konnte: Eine erste urkundliche Erwähnung stammt

sehr wahrscheinlich schon aus dem Jahr 1003[10]. Eindeutig belegbar ist jedenfalls, dass 700 Jahre vor der Geburt von Heinrich Mai, nämlich im Jahr 1160, die lokale Kirche Pfarrrechte erhielt[11]. Buer hatte eine Tradition als „Freiheit" mit eigenen Rechten und war im Jahr 1866 eine eigene Bürgermeisterei im Landkreis Recklinghausen.

Das älteste Gebäude in der Stadt war die Kirche, die im Jahr 1223, also noch zu Lebzeiten des heiligen Franz von Assisi, im romanischen Stil errichtet worden war. Einige Jahre später erfolgte ein gotischer Umbau, später weitere Veränderungen.

Es ist bezeichnend, dass dieses Gebäude trotz aller Umbauten in seinen Grundzügen genau die Kirche war, in der Heinrich Mai zwei Tage nach seiner Geburt getauft wurde[12]. In diesem Altbau gingen er und seine Familienangehörigen bis ins Jahr 1890 regelmäßig zur Messe. Dort beteten sie vor Zeugen längst vergangener Jahre. Als zwei Beispiele seien nur ein Vesperbild aus der Zeit um das Jahr 1500 und eine Strahlenkranzmadonna aus dem Jahr 1706 genannt[13].

Pfarrer in St. Urbanus war im Jahr 1866 immerhin schon seit 46 Jahren der hochbetagte Geistliche Heinrich Lappe (1779–1878), der erst während des Kulturkampfes im Alter von 99 Jahren versterben sollte[14].

Heinrichs Heimat war zu dieser Zeit über zwei wichtige Straßenverbindungen an die Welt angeschlossen: die Vestische Landstraße, eine Ostwestverbindung, die von Duisburg über Osterfeld, Buer und Westerholt nach Recklinghausen und Lünen führte; und dann ein Weg, der später „Gahlenscher Kohlenweg" genannt wurde, eine Nordsüdverbindung, die von Witten und Bochum kommend über Crange und Buer zur Lippe nach Dorsten führte[15].

Elternhaus

Wegen dieser guten Erreichbarkeit lebte man in Buer traditionell von Handwerk und Handel, häufig in Verbindung mit einer kleinen Landwirtschaft[16]. Nach den Umwälzungen durch die napoleonische Zeit und mit der neuen Zugehörigkeit zum Königreich Preußen ab 1815 hatte sich die Bewohnerzahl bereits deutlich gesteigert.

Die Familie Mai wohnte und arbeitete hier schon seit mehreren Generationen. Es existiert eine Urkunde, in der für das Jahr 1708 Nicolai Mai erwähnt wird, der vom Buerschen Huck aus, das heißt dem engen Gassengeflecht Buers in Kirchennähe, Sattlerarbeiten im Umfeld ausführte[17]. Es gibt eine Zeichnung des Elternhauses: Darauf sieht man ein bäuerliches Fachwerkhaus[18].

Wie seine Vorfahren, übte auch Vater Heinrich Mai, der „Joos Hinnerk", die Arbeit eines Sattlers und Lohgerbers aus. Im Winter kam eine Tätigkeit als Hausschlachter dazu; hier genoss er offenbar große lokale Wertschätzung. Im Sommer stand Feldarbeit an. Im Informativprozess für die Seligsprechung Bruder Jordans Mitte der 30er Jahre des 20. Jahrhunderts sagten 26 Zeuginnen und Zeugen aus, die entweder aus Buer stammten oder nach Buer gezogen waren. Schaut man auf eine Aufstellung der angegebenen Berufe, ergeben sich wichtige Anhaltspunkte für das soziale Milieu der Familie Mai. Immerhin vier Zeugen gaben als Beruf Landwirt oder Bauer an. Dann folgen viele andere Handwerksberufe: Maurer, Klempnermeister, Schuhmacher, Schneidermeister, Wagenbauer, Anstreichermeister, Drechslermeister, Schreinermeister. Daneben wurden auch ein Bauunternehmer und ein Kaufmann befragt. Zudem finden sich unter den Zeugen auch zwei Bergmänner; einer davon war der Bruder von Heinrich Mai, zum Zeitpunkt der Befragung Invalide. Hinzu kamen Ehefrauen, Witwen und Ordensfrauen.

Die Bevölkerung von Buer war ursprünglich rein katholisch. Es gibt unterschiedliche Angaben darüber, wann der erste evangelische Christ hier sesshaft wurde. Georg Meinert spricht davon, dass im Jahr 1840 bereits 14 evangelische Christen im Dorf lebten, Gottfried Beer schreibt hingegen, dass mit dem Gärtner Diersdorf aus Hamminkeln im Jahr 1849 der erste evangelische Christ anlässlich seiner Trauung im Kirchenregister der katholischen Kirchengemeinde eingetragen worden sei. Der Pfarrzwang führte jedenfalls dazu, dass die Mitglieder der neu ankommenden Konfession zunächst durch die althergebrachte Konfession mitverwaltet wurden. Zum Gottesdienst wären die Protestanten bis zur Fertigstellung der Apostelkirche im Jahr 1893 in die Bleckkirche im heutigen Gelsenkirchener Stadtteil Bismarck gegangen[19]. Arno Vauseweh spricht dagegen für das Jahr 1866 von

14 evangelischen Christen unter einer Gesamtbevölkerung von 7000 Einwohnern Buers. Diese seien nach Dorsten und Crange zum Gottesdienst gegangen, wobei sich der Dorstener evangelische Pastor besonders um sie bemüht habe[20].

Das Lebensgefühl war in jedem Fall katholisch geprägt. Die kirchlichen Feste und die religiösen Bräuche bestimmten neben dem landwirtschaftlichen Rhythmus der Jahreszeiten und dem Handel den Pulsschlag des Soziallebens. Dabei spielten Familie und Nachbarschaft die Hauptrolle. Der Sonntag war durch die Sonntagsruhe und den Kirchgang bestimmt[21].

So selbstverständlich, wie es klingt, war das allerdings doch nicht. Die erste Hälfte des 19. Jahrhunderts hatte im Anschluss an die Säkularisation für die katholische Kirche große Umwälzungen mit sich gebracht. Die alten kurfürstlichen Strukturen waren weggebrochen und die Kirche im staatlichen Bereich durch die säkularen Fürsten komplett entmachtet worden. In den 1830er Jahren kam es über die so genannte „Mischehenfrage" zu harten Auseinandersetzungen zwischen Kirche und Staat, in denen es letztlich um die Rolle der Kirche im neuen, bürgerlichen Staat ging. In diesem Umfeld kam es zu einer „Revitalisierung des kirchlichen Lebens" (Klaus Schatz) beziehungsweise „Vitalisierung der Religiosität" (Klaus Schieder), die beide Konfessionen erfasste. Individuelle Religiosität war durch die Aufklärung wohl nie komplett verschwunden, ab den 1840er Jahren kehrten dann aber auch offiziell praktizierte Formen mit Macht in das gesellschaftliche und politische Leben zurück und es kam zur „Religiosität der Vielen" (Mooser). In der katholischen Frömmigkeit spielte neben anderen Äußerungen kirchlichen Lebens im Anschluss an die Wallfahrt zum Heiligen Rock nach Trier im Jahr 1844 das aufblühende Wallfahrtswesen eine bedeutende Rolle[22]. Erst im Anschluss an die Märzrevolution in Deutschland begann im Jahr 1850 eine Phase eines konservativen Bündnisses zwischen preußischem Staat und katholischer Kirche, die beide für einen Aufbau beziehungsweise eine Festigung der eigenen Strukturen nutzen konnten[23].

In der Forschung wird diskutiert, wieviel im Bereich der katholischen Kirche in dieser Phase „konzertierte Aktion der Hierarchie" (Norbert Busch) und wieviel hier Eigeninitiative verschiedener anderer Vertreter „kirchlichen Personals"[24] oder der breiten katholischen Bevölkerung war. Klar ist in jedem Fall, dass die Lebensdaten von Heinrich Mai in die Zeit fallen, die für die Konstituierung des so genannten Katholischen Milieus hochbedeutsam waren[25]. Wie sich dieser Prozess in Buer abspielte, müsste noch erforscht werden, fest steht in jedem Fall, dass Joos Hinnerk Mai, Heinrichs Vater, mit zu den Organisatoren und Anführern der Wallfahrt von Buer zum St. Annaberg nach Haltern gehörte; Wallfahrten nach Kevelaer zählten ebenso zum „Jahresplan der Familie"[26]. Der Sohn Peter war später Präfekt der schon im Jahr 1832 gegründeten Marianischen Jünglingskongregation[27].

Praktisch alle Zeugen aus Buer im Informativprozess stimmen darin überein, dass im Hause Mai Frömmigkeit sehr gepflegt wurde. Das wird an Wallfahrten, am regelmäßigen Rosenkranzgebet der Mutter oder der ganzen Familie sowie häufigem Kommunionempfang festgemacht.

Im Hause Mai traf man sich nach dem Gottesdienst, um über landwirtschaftliche Themen zu sprechen, aber auch um das Dülmener Missionsblatt und Andachtsgegenstände, zum Beispiel Skapuliere oder Rosenkränze abzuholen[28]. Die Eltern waren Mitglieder im dritten franziskanischen Orden[29]. Ein Zeuge berichtet davon, dass die Wände des Hauses „fast ganz mit Heiligenbild-

St. Urbanus Kirche ca. 1890

chen geschmückt" waren, ein anderer spricht davon, dass „das Haus Mai ein kleines Kloster war"[30].

Das deckt sich in Grundzügen mit den Aussagen des leiblichen Bruders Bernhard und der leiblichen Schwester Antonetta[31]. Besonders in der Aussage der nur wenig älteren Schwester des Bruder Jordan verdichtet sich das Bild der häuslichen Frömmigkeit so stark, dass ein Streben nach Klostereintritt den Kindern geradezu von der Mutter mitgegeben worden sei. Schon diese habe den Wunsch gehabt, bei den „Elisabeth-Schwestern in Essen Aufnahme" zu bekommen. Allerdings sei sie nicht genommen worden, weil sich schon zu viele andere Postulantinnen beworben hätten. Die Mutter habe das als „Gottes Fügung" gesehen und daraufhin „im Ehestand die Erziehung der Kinder ganz religiös" eingerichtet und das eigene Haus „zu einem Heiligtum mit gemeinschaftlicher Gebetsordnung" gemacht[32]. Die Aussage des leiblichen Bruders Bernhard geht nicht so weit, bestätigt aber, dass in der Familie lange Jahre viel gebetet wurde.

Die Aussage der leiblichen Schwester und späteren Ordensfrau verdient es, nochmals genau angeschaut zu werden. Ins Bild einer Art klösterlicher Vorschule der Kinder passt zumindest nicht, dass das erste Familienmitglied, das um die elterliche Freigabe für einen geistlichen Beruf bat, von der Mutter eine Abfuhr erhielt. Denn als der erstgeborene Sohn Peter im Alter von 17 Jahren offenbarte, dass er gerne Priester werden wollte, erhielt er von ihr die Auskunft: „Es geht nicht. Du musst sorgen helfen. Du hast ja auch keinen Beruf. Denn du kannst nicht singen. Wen Gott zum Priester berufen hat, dem gibt er auch die Fähigkeit. Und wir haben 10 Kinder. Vater allein kann die nicht ernähren."[33] Hier spielten sehr pragmatische Überlegungen eine Rolle, vor allem die Sorge um das Auskommen der Familie. Bezeichnenderweise erwähnt Sr. Maria Olivia, also Heinrichs leibliche Schwester Antonetta, dass für die Kinder Schulausflüge auch nicht möglich waren, weil „die allerhand Geld kosteten"[34]. Mehr als die fehlende musische Begabung des Sohnes dürfte darüber hinaus auch die mangelnde schulische Bildung seinen Wunsch Priester zu werden im Weg gestanden haben. Peter hatte nur die Volksschule besucht. Der Geschichte haftet etwas Tragisches an, da Peter Mai offenbar das Sattlerhandwerk überhaupt nicht lag und es darüber mit dem zuweilen jähzornigen Vater zu Spannungen kam. Erst als Mutter und Vater gestorben waren, hätte er dieses Vorhaben umsetzen können. In der Zeugenaussage seiner jüngeren Schwester wird von Plänen gesprochen, Laienbruder bei den Jesuiten oder bei den Trappisten zu werden. Nachdem durch die Heirat des jüngsten Bruders die Sorge um den Hof gelöst schien und ein Eintritt in den Bereich des Möglichen kam, brannte jedoch das Elternhaus ab. Sein großes Engagement für Frömmigkeit in der Gemeinde im Rahmen der Marianischen Sodalität und bei Wallfahrten liest sich daher auch als Ersatz für einen nicht erfüllten Lebenswunsch. Zudem trat er offenbar als Wegbereiter für die Ordenseintritte seiner Geschwister Gertrud und Heinrich auf[35].

Es fällt auf, dass auch die dritte in der Geschwisterreihe, Gertrud, erst im Jahr 1885 mit fast 30 Jahren den Wunsch nach einem Klostereintritt in die Tat umsetzen konnte. Sie unternahm zuerst einen Versuch bei Klarissen, bekam aber gesundheitliche Probleme und musste nach Hause zurückkehren. Im zweiten Anlauf wurde sie bei den Franziskanerinnen in Valkenburg in den Niederlanden angenommen. Möglicherweise wirkten sich die Kulturkampfverhältnisse zusätzlich als hinderlich für den Zeitpunkt des Eintritts aus. Dennoch dürften hier ähnliche Überlegungen eine Rolle gespielt haben, wie bei Peter. Denn als sie im Jahr 1885 ins Kloster eintrat, wurde der jüngste Bruder Bernhard gerade vierzehn Jahre alt und konnte nach dem Verlas-

sen der Schule mehr im Haus mithelfen. In der Zeugenaussage
taucht der Vater als derjenige auf, der nichts vom Klosterberuf
hielt und gegen den es sich durchzusetzen galt[36].

In vergleichbarer Weise lässt sich der Ordenseintritt von Antonetta, dem fünften Kind aus dem Hause Mai betrachten. Sie trat
1892 mit fast 28 Jahren bei den Schwestern Unserer Lieben Frau
in Mühlhausen ein[37].

Nach dem Tod des Vaters im Jahr 1895 und nach dem Eintritt
von Heinrich Mai bei den Franziskanern, wagte seine Schwester
Bernhardine, oder kurz Dine, im Alter von mehr als 40 Jahren in
Valkenburg den Schritt ins Kloster. Sie wurde wegen Krankheit
nicht zur Profess zugelassen, konnte aber als Angestellte bis zu
ihrem Tod im Jahr 1922 im Kloster wohnen bleiben.

Zwei für das Umfeld bedeutende Beobachtungen verdienen es,
hier festgehalten zu werden:

Der familiäre Zusammenhang war durch eine hohe Intensität
und Verbindlichkeit geprägt, die von Mutter und Vater bestimmt
wurden. Gegen den Willen der Eltern war nur schwer anzukommen; sicherlich auch wegen ihrer religiös begründeten Autorität,
wovon im nächsten Kapitel zu sprechen sein wird. Daneben bildete die Familie aber auch eine soziale Schicksalsgemeinschaft,
zu der jeder seinen Beitrag leisten musste. Dass das allerdings
innerlich gewollt und mitvollzogen wurde, wird daran deutlich,
dass Heinrich Mai auch später, als er im Orden war, seine Beziehung zur Familie sehr pflegte: Er machte Besuche und schrieb
Briefe. Die Erfahrung solcher Gehorsams- und Loyalitätsstrukturen sollte im Blick bleiben, wenn es darum geht, die zeitgenössischen Autoritätsstrukturen innerhalb der klösterlichen Gemeinschaften anzuschauen und zu bewerten.

Unabhängig davon stand auch die Familie Mai im Bann der hohen Attraktivität der „gemeinschaftlichen religiösen Lebensweise für Frauen", die überkonfessionell das 19. Jahrhundert bestimmte[38]. Die Faszination eines geistlichen Berufs wirkte auch auf zwei von drei Söhnen der Familie. Damit ereignete sich in der Familie Mai etwas für die Zeit durchaus Typisches.

Man darf also mit einer gewissen Berechtigung sagen, dass der kleine Heinrich das Licht in einer dörflich geprägten Welt erblickte, wo die Verbindungslinien in die Vergangenheit offen sichtbar und gut nachvollziehbar waren. Andererseits wies das Wachstum der Bevölkerung und der Zuzug von Menschen einer anderen Konfession darauf hin, dass die Verhältnisse in Bewegung gekommen waren. Allerdings muss den Zeitgenossen die Tragweite einzelner Ereignisse nicht unbedingt immer klar gewesen sein.

Das lässt sich an zwei Beispielen demonstrieren:

In den Jahren 1850 und 1860 hatte man auf Gemeindegebiet Probebohrungen nach Kohle durchgeführt. Das war zunächst ohne Folgen geblieben. Im Rückblick erklärt sich das dadurch, dass zu diesem Zeitpunkt einfach noch die finanziellen Mittel fehlten, um eine größere Kohleförderung zu beginnen. Die Zeitgenossen konnten nicht ahnen, in welchem Umfang die Kohle zum Schicksal Buers werden sollte[39].

Im Juli 1866, wenige Wochen vor Heinrichs Geburt, hatte Preußen Österreich-Habsburg bei Königsgrätz militärisch besiegt. Es entstand der Norddeutsche Bund unter preußischer Führung. Als Heinrich vier Jahre alt war, wurde im Januar 1871 das Deutsche Reich gegründet[40].

23

Damit war eine Konstellation geschaffen, die vieles von dem, was als Möglichkeit auf Umsetzung wartete, schnell Wirklichkeit werden lassen konnte. Denn jetzt waren die wirtschaftlichen und infrastrukturellen Voraussetzungen da, um auch in Buer Kohle abzubauen. Gleichzeitig endete die kurze Phase des konservativen Bündnisses zwischen Staat und Katholischer Kirche. Es kam zum sogenannten Kulturkampf[41].

Kapitel 2

Schule, Ausbildung und Militärzeit
während des Kulturkampfes
(1871–1888)

Mit Erreichen des sechsten Lebensjahrs begann für „Hinnerk", wie ihn seine Mitschüler riefen, die Schulzeit im Gebäude der alten Volksschule unweit von Kirche und Elternhaus[42]. Leider ist in seinen Personalunterlagen das eigene Schulzeugnis nicht erhalten. Stattdessen findet sich in den Akten des Informativprozesses das Abgangszeugnis seines Banknachbarn Joseph Langenkemper vom 2. September 1880[43]. Weil beide im Herbst 1866 geboren waren, deckte sich ihre Schulzeit. Der Eintritt in die Schule dürfte 1872, spätestens aber 1873, erfolgt sein. Damit fällt Heinrich Mais Elementarschulzeit in die heiße Phase des so genannten Kulturkampfes im Reich und in Preußen[44]. Die Initiatoren dieser schweren Auseinandersetzung waren in verschiedenen europäischen Ländern in „erster Linie die Liberalen oder die von ihnen unterstützten Regierungen, die davon überzeugt waren, gegenüber der im Zeichen des Ultramontanismus hierarchisch und dogmatisch gefestigten Katholischen Kirche die moderne Geisteskultur und den souveränen nationalen Staat verteidigen zu müssen". Gerade in Heinrichs Heimat Preußen erhielt dieser Konflikt eine „außergewöhnliche Schärfe", nicht zuletzt auch dadurch, dass sich Reichskanzler Otto von Bismarck hinter die Maßnahmen stellte[45].

25

Papst Pius IX. hatte im Jahr 1864 im „Syllabus errorum" einseitig und undifferenziert moderne Entwicklungen verurteilt. Auf dem Ersten Vatikanischen Konzil war 1870 dann auch noch das Unfehlbarkeitsdogma verabschiedet worden. Der preußische Staat verfügte nach der Reichsgründung ab Juli 1871 etliche Gesetze und Maßnahmen gegen die Katholische Kirche, die Grund- und Menschenrechte verletzten und „gegen den Rechtsgrundsatz der Gleichheit aller vor dem Gesetz" verstießen[46]. Im Jahr 1880, als Heinrich die Schule verließ, erfolgte ein erstes so genanntes Milderungsgesetz. „Erst die Friedensgesetze von 1886 und 1887, denen Verhandlungen Bismarcks mit der Kurie vorausgingen, setzten mehrere gesetzliche Bestimmungen des Kulturkampfes außer Kraft, wenn auch der staatskirchenrechtliche Zustand der Zeit vor dem Kulturkampf nicht vollständig erreicht wurde."[47] Nicht zuletzt auf diesem Hintergrund sind die Informationen über die Schulzeit, die Lehre und die Militärzeit des späteren Bruder Jordan einzuordnen.

Er trat durch die Tür des Schulhauses jedoch nicht als unbeschriebenes Blatt; schon im Elternhaus hatte er eine Vorprägung erhalten und von dort aus wurde seine Entwicklung auch während der Schulzeit begleitet. Die Zeugenaussage von Heinrichs leiblicher Schwester Antonetta, der späteren Schwester Maria Olivia, gibt hier wertvolle Einblicke in die Lebenspraxis, erlaubt aber auch die literarische Quelle dafür zu identifizieren[48].

Die Familie war geprägt durch eine intensive Gebetspraxis: Wenn möglich wurde täglich die heilige Messe besucht. Es war üblich, dass ein Kind die Mutter durch einen zweiten Messbesuch „vertreten" sollte, sofern die Feldarbeit ihr eine Teilnahme verunmöglichte. Der tägliche Schulweg begann im Elternhaus mit einem Gebet zum hl. Geist, einem Mariengebet und einem Gebet zu den Schutzengeln. Vor Tisch wurde auf andächtiges Gebet Wert gelegt. Abends wurde immer der Rosenkranz gebetet. Gängig war es auch, bei der Arbeit mittags den Angelus zu beten. Gelegentlich wurden Novenen gehalten. Während sonntags der Vater und die Bauern aus der Umgebung zusammensaßen, organisierte die Mutter in der Küche gemeinsam mit den Kindern den wöchentlichen Besuch von Messen und Andachten durch die Familienmitglieder. Über das Wallfahren wurde bereits im vorherigen Kapitel berichtet.

Es wird über drei Quellen des familiären religiösen Lebens berichtet: Die Sonntagspredigt, der Katechismus von Bernhard Overberg und das seit 1852 erscheinende Dülmener Katholische Missionsblatt.

Maßgeblich für die äußeren religiösen Strukturen war dabei aber vor allem Overbergs Katechismus[49]. Die Sonntagsordnung war davon nachweislich bestimmt. Die älteste Schwester Gertrud musste Sätze daraus auswendig zitieren. Routinemäßig wurden die Kinder nach dem sonntäglichen Gottesdienstbesuch über den Predigtinhalt befragt. Und wer beim Mittagessen nichts mehr von der Predigt wusste, bekam „zur Strafe kein Fleisch". Die biblische Lesung aus dem Missionsblatt wurde regelmäßig vorgelesen und diente offenbar zum Vollzug der vorgesehenen sonntäglichen Hausandacht im Sinne einer Heiligung des Sonntags. Noch bei ihrer Zeugenaussage im Dezember des Jahres 1934 zitierte Schwester Maria Olivia wortgetreu den Overberg[50]! Gut möglich, dass genau dieser Katechismus auch später im Religionsunterricht von Heinrich in der Schule verwendet wurde.

Es ist davon auszugehen, dass die Geistigkeit und Theologie dieses Buches einen erheblichen Einfluss auf die Spiritualität des späteren Franziskaners gehabt haben. Deshalb einige Hinweise auf Grundgedanken bei Overberg.

Der Katechismus war aufgeteilt in vier Hauptstücke: „Wer ist es und wie ist der beschaffen, der mir das Leben gab?", „Wozu gab mir Gott das Leben?", „Was hat Gott getan, was tut er und was wird er noch tun, um mich [!] zum ewigen Leben zu verhelfen?", „Was muss ich selbst tun, um zum ewigen Leben zu gelangen?" Bei der Beantwortung dieser Fragen spielte die Auffassung eine erhebliche Rolle, dass Gott bei der Offenbarung Lehrweisheiten mitgeteilt hatte (Vgl. Erstes Hauptstück, Nr. 18). Der Mensch schuldete Dankbarkeit für die Offenbarung. Den Dank umsetzen konnte er durch fleißiges Lernen, festes Glauben und treue und standhafte Befolgung dieser Lehren (Vgl. Erstes Hauptstück, Nr. 21). Irdische Freude war in dieser Sicht durchaus vorgesehen, aber sie diente nur als Hilfsmittel, um zu der viel größeren Freude, nämlich der ewigen Seligkeit in der Gottesschau, zu kommen (Vgl. Erstes Hauptstück, Nr. 62). Die Notwendigkeit einer Zugehörigkeit zur römisch-katholischen Kirche war Teil der Offenbarung und Voraussetzung für den Zugang zur Seligkeit. Dafür war erforderlich: „Dass man 1) getauft sey [!], und ohne Auswahl alles glaube, was die Kirche als zu glauben nothwendig [!] erklärt; 2.) sich den Vorstehern der Kirche in schuldigem Gehorsam unterwerfe; 3.) solche Laster meide, durch welche die Vorsteher in die Nothwendigkeit [!] versetzt werden, uns von der Kirche auszuschließen." (Drittes Hauptstück, Nr. 357).

Katholisches Christsein in der Tradition des Overbergschen Katechismus bestand demnach in der Folgsamkeit gegenüber den offenbarten Lehren; solche wurden in Satzform weitergegeben. Diese Sätze zu kennen, war also heilsnotwendig. Deshalb wurden sie in der Familie Mai ganz praktisch, aber auch theoretisch eingeübt.

Ehemalige Mitschüler erinnern sich daran, dass sich Heinrich Mai besonders durch seine „Kenntnisse in biblischer Geschichte und im Katechismus" auszeichnete[51]. „Er blieb nie eine Antwort schuldig, auch nicht in der Christenlehre."[52]

Noch in einer weiteren Hinsicht ist nachvollziehbar, dass der kleine Heinrich den Katechismus beherzigte. Zur Schule zu gehen, bedeutete im Buer der damaligen Zeit, in eine Klasse mit sehr vielen Kindern aus verschiedenen Altersstufen zu kommen. Ein ehemaliger Mitschüler spricht von einer Schulstärke von mehr als 100 Schülern, die „der" Lehrer zu betreuen hatte[53]. Gottfried Beer schreibt, dass die Kinder aus Buer, Beckhausen, Scholven, Hassel und Löchter hier in zwei, später in vier Klassen unterrichtet wurden[54]. Für die Zeit nach dem Kulturkampf nennt er die Zahl von 300 Schülern, die durch vier Lehrer unterrichtet worden seien[55]. Damit dürfte zu dieser Zeit eine durchschnittliche Klassenstärke von 70 bis 80 Schülerinnen und Schülern üblich gewesen sein.

In den Erinnerungen der 13 ehemaligen Mitschüler, die über fünfzig, sechzig Jahre nach Schulende befragt wurden, wiederholen sich für das Erleben der Schule ganz auffällig einige Themen: die Sitzordnung, die Strafen und die Abwesenheit von Lob. Um eine Arbeitsatmosphäre herzustellen, hatte jeder Lehrer angesichts der Größe der Lerngruppe nur begrenzte Möglichkeiten. „Die Plätze wurden wechselweise nach den Einzelfächern gegeben."[56] Gute Schüler saßen vorne[57]. Lob war als Interventionsmöglichkeit denkbar, wurde aber eher karg bis überhaupt nicht eingesetzt. Dann blieb nur noch die Möglichkeit zu strafen übrig.

Die Mitschüler nennen drei Lehrer, mit denen auch der Sohn aus dem Hause Mai zu tun hatte: den Lehrer Bornhorst, den Lehrer Heiming und Vikar Hagedorn, „der später nach Amerika ging"[58]. Bei P. Alois wird ein Gegensatz zwischen dem fröhlichen Unterricht bei Lehrer Hagedorn und dem prügelnden Lehrer Bornhorst geschildert. Möglicherweise war die Wirklichkeit differenzierter[59]. Ein ehemaliger Mitschüler bescheinigte Vikar Hagedorn, dass er „streng und oft" strafte. Ein negatives Urteil über Lehrer Bornhorst hat aber noch eine breitere Basis. „Unser Lehrer Bornhorst strafte gerne." „Loben tat der Lehrer nicht."[60] Oder: „Ein besonderes Lob hat er [Heinrich] nicht bekommen, weil Lehrer Bornhorst lieber strafte als lobte."[61] Oder „Wir hatten einen sehr strengen Lehrer, der wenig lobte."[62] Über den Lehrer Heiming gibt es keine weiteren Aussagen.

Bezieht man für die Einordung dieser Aussagen die Zeitumstände mit ein, ist es möglich, die Schilderungen der Unterrichtsatmosphäre nicht nur auf die Persönlichkeit des Lehrers zurückzuführen. „Am 11. März 1872 wurde die kirchliche Schulaufsicht durch das Schulaufsichtsgesetz abgeschafft."[63] Das bedeutete konkret, dass die bisherigen von kirchlicher Seite aus gestellten Lehrer durch staatliche Lehrer ersetzt wurden oder ersetzt werden sollten. Eine Weile drohte ein Zustand, in dem den Geistlichen der Schulunterricht ganz verwehrt sein sollte. Nach heftigen Auseinandersetzungen wurde der Kompromiss gefunden, dass die Geistlichen den Katechismus in der Schule unterrichten durften, biblische Geschichte aber von den weltlichen Lehrern gegeben wurde[64]. Die Umsetzung aller Maßnahmen zog sich zeitlich hin. Das dürfte haargenau das sein, was hinter der Aufzählung der verschiedenen Lehrer von Heinrich Mai stand. Als er eingeschult wurde, beschulte noch der Vikar die Kinder. Das erwähnte Schulabgangszeugnis seines Banknachbarn Joseph unterschrieb später auf jeden Fall Lehrer Bornhorst. Während der Volksschule des späteren Franziskaners erfolgte der Wechsel; ob es ein Nebeneinander beider Lehrer gab, lässt sich hier nicht klären. Auch das Klassenzimmer war Austragungsort des Kulturkampfes! Die in der Mehrheit katholischen Eltern dürften dem neuen Lehrer sicherlich zu Anfang eher skeptisch bis ablehnend gegenübergestanden haben. Es war insofern nicht automatisch anzunehmen, dass die Kinder zu Hause zu Disziplin und Folgsamkeit gegenüber Bornhorst angehalten wurden. Sicher ist aber, dass sich gleichzeitig die Schülerzahl durch den Zuzug immer neuer Bewohner Buers stark vermehrte; davon ist im nächsten Kapitel zu sprechen. Denkbar ist also insgesamt eine chaotische Übergangsphase in der Volksschule Buer, wo ein überforderter, von manchen Eltern abgelehnter Lehrer angesichts einer beeindruckend großen Zahl von Schülerinnen und Schüler verschiedenen Alters versuchte, sich mit übermäßigem Strafen durchzusetzen und gleichzeitig über jedes Kind froh war, dass halbwegs ruhig blieb und sogar mitmachte.

Mit Letzterem ist kurz zusammengefasst, was alle Mitschüler übereinstimmend über das Verhalten von „Hinnerk" sagten. Er saß ziemlich weit vorne, wusste die Antworten und wurde nie gestraft, weil er ein ruhiger Vertreter war und mit dem keiner Streit hatte.

Dass dieses Verhalten aber nicht nur unbedingt Charaktereigenschaft war, sondern auch bewusst gewählt war, lässt ein weiterer Blick in Overbergs Katechismus denkbar erscheinen. Im vierten Hauptstück des Katechismus wurde sehr konkret ausgeführt, wie ein christkatholisches Verhalten auszusehen hatte. Ein Gerüst dafür lieferten neben den drei göttlichen Tugenden Glaube, Hoffnung und Liebe auch die 10 Gebote aus dem Alten Testament. Bemerkenswert ist dabei die Auslegung des vierten biblischen Gebotes „Du sollst Vater und Mutter ehren, auf daß du lange lebest auf Erden."[65] Worum es bei diesem Gebot ging, wurde so erläutert: „Das vierte [Gebot] handelt von den Pflichten gegen diejenigen aus unseren Nächsten, welche Gottes Stelle bei uns vertreten."[66] Wer darunter fiel, wurde eindeutig mitgeteilt: „Unter Aeltern [!] werden verstanden: 1) Die leiblichen Aeltern [!],

2) die Stief- und Pflegeaeltern [!], 3) die Lehrer und Lehrerinnen, 4) alle betagten Personen, 5) die Herrschaften, 6) die geistliche und weltliche Obrigkeit."[67] Wenn auch der Katechismus durchaus vorsah, dass das Verhältnis zwischen Eltern und Kindern auf Gegenseitigkeit beruhte und in Einzelfällen nicht Folge zu leisten war, blieb die Tatsache: Autoritätsstrukturen waren tendenziell sakrosankt! Gehorsam zu sein, wurde damit zu Gottesdienst! Dass das im Hause Mai so verstanden und gelebt wurde, lässt sich durch eine Geschichte belegen, die die leibliche Schwester über eine Auseinandersetzung zwischen ihrem älteren Bruder Peter und dem jähzornigen Vater berichtet. In diesem Zusammenhang war es der Sohn, der bewusst darauf verzichtete, gegenüber seinem Vater Recht einzufordern[68].

Ruhiges und gehorsames Verhalten gegenüber dem Lehrer war also für den späteren Bruder Jordan insofern nicht nur etwas, das in seinem eher sanften Wesen wurzelte, sondern auch religiös motiviert. Für den späteren Ordensmann gilt in jedem Fall, dass er den in seiner Zeit verbreiteten Begriff von Offenbarung, wie er im Overbergschen Katechismus vermittelt wurde, vollkommen rezipierte. Das für ihn daraus resultierende Autoritätsverständnis sollte allerdings in seinem Leben erheblichen Belastungsproben ausgesetzt sein. In der katholischen Kirche wird im Anschluss an das Erste Vatikanische Konzil (1869–1870) und vor allem das Zweite Vatikanische Konzil (1962–1965) in der Zwischenzeit ein anderes Offenbarungsverständnis gelehrt[69].

Welcher Schulstoff wurde ihm in seiner Schulzeit vermittelt? Orientiert man sich am Abgangszeugnis von Joseph Langenkemper, ging es in der Schule um folgende Fächer: Neben der Feststellung, ob jemand überhaupt regelmäßig zum Unterricht erschienen, sich ordentlich „betragen" hatte und „fleissig" gewesen war, wurden folgende „Kenntnisse und Fertigkeiten" benotet: An erster Stelle „Religion", dann „Deutsch: a.) Lesen; b.) Mündlicher Ausdruck; c.) Schriftlicher Ausdruck", „Rechnen und Raumlehre", „Geschichte und Geographie", „Naturkunde", „Schreiben; Zeichnen", „Singen, Turnen (Handarbeiten)". Am Schluss des Zeugnisses fand sich eine Zeile, wo die Möglichkeit bestand „Bemerkungen" einzutragen[70].

Über die weiteren schulischen Leistungen des Jungen aus dem Buerschen Huck ist nichts überliefert. Die Mitschüler berichten viele Jahre später nur, dass er „kein Überflieger war, aber einer der Besten", er sei „nicht schlecht talentiert" gewesen, im Gegenteil, er sei „ein ganz heller Patron" gewesen. In jedem Fall schrieb sein Banknachbar gelegentlich bei ihm ab[71].

Als er im Jahr 1880 im Alter von 14 Jahren von der Schule abging, dürfte er auf jeden Fall mindestens schreiben und rechnen gelernt haben. Für den späteren Franziskaner ist auch belegt, dass er Briefe schrieb, Bücher las und bis in die Zeit nach dem Ersten Weltkrieg offenbar die Zeitung studierte[72]. Insofern bescheinigte ihm ein Korrespondenzpartner später „für einen schlichten Mann, der nur das Sattlerhandwerk gelernt hatte, einen außergewöhnlich reichen Wortschatz"[73].

Ins Jahr des Schulabschlusses fielen auch die Erstkommunion und anschließend der Dienst als Ministrant. Beides wird bei vielen Zeugen belegt, wurde aber wie eine Selbstverständlichkeit erzählt. Wann die Aufgabe als Messdiener endete, bleibt in den Quellen undeutlich.

Mit Verlassen der Schule trat er beim eigenen Vater in die Lehre. Sein vierzehn Jahre älterer Bruder Peter arbeitete bereits beim Vater, was offenbar für ihn während der eigenen Schulzeit zu Härten geführt hatte[74]. In einer Veröffentlichung des Heimatvereins Buer aus dem Jahr 1954 stößt man auf die Information: „Der letzte Lohgerber Alt-Buers war Heinrich May [!] gen. Joos Hinnerk, der ein Häuschen auf der heutigen Maximilianstraße bewohnte."[75] Der Beruf des Vaters als Lohgerber war ein sehr spezialisierter Beruf in der Lederverarbeitung, der bis zur Erklärung der Gewerbefreiheit im Jahr 1810 traditionell der Schuhmacherzunft zugeordnet gewesen war. Offenbar gab es in Buer neben Heinrichs Vater niemanden (mehr), der dieses Handwerk ausübte. Sattler scheint es dagegen mehrere gegeben zu haben. Man konnte also die Qualität der Arbeit vergleichen, und da schnitt Joos Hinnerk gut ab. Das wird indirekt deutlich aus dem Bericht eines lokalen Landwirtes: „Die Familie Mai war sehr gesucht bei der Arbeit, die nicht jedem Sattler gleich gut gelang."[76] Nur, als Heinrich die Lehre aufnahm, war der Vater bereits 57 Jahre alt und litt an der Enttäuschung, dass sein ältester Sohn Peter ganz offenbar nicht heiraten wollte[77]. Die Hoffnungen ruhten damit auf dem zweiten Sohn. Und tatsächlich stellte sich heraus, dass Heinrich offenbar zum Sattler tauglicher war als der große Bruder. Aus den zwölf Zeugenaussagen, die nähere Auskunft über seine Tauglichkeit und Arbeit geben, entsteht das Bild eines ruhigen, unaufgeregten, eher bedächtigen und sehr sorgfältig arbeitenden Handwerkers. Eine ehemalige Nachbarin stellte ihm das Zeugnis aus: „Was er aber machte, machte er gut. Mein Bruder hat heute – nach 40 Jahren – noch 2 Matratzen, die Br. Jordan angefertigt hat."[78] Mit der Lehrzeit, aber abzüglich der Militärzeit, arbeitete Heinrich Mai 13 Jahre auf diesem Feld. Eine Einschränkung brachte allerdings auch er mit: Zwar half Heinrich Mai dem Vater beim Schlachten, doch war er bei aller körperlichen Robustheit und trotz eines anpackenden Wesens nicht in der Lage, Tiere zu töten! Es gibt die anrührende Schilderung über den Sohn, der ein krankes Tier töten sollte und stattdessen den Vater so lange anbettelte, bis der das dann doch übernahm[79]. Das ließ ihn für den Beruf ei-

Militärzeit

nes Hausschlachters und Lohgerbers, also jemand, der nach dem Schlachten direkt das Fell von Tieren bearbeiten sollte, auf längere Sicht hin nicht als sehr geeignet erscheinen[80].

Dass keiner der drei Söhne aus dem Hause Mai den väterlichen Betrieb übernahm, hatte neben religiösen Neigungen aber noch weitere Gründe. Schon ein Jahr nach Beginn der Lehre von Heinrich wurde im Jahr 1881 eine Gesetzesnovelle beschlossen, die die Errichtung von kommunalen Schlachthäusern anordnete und damit die letzten Tage der Hausschlachterei einläutete[81]. Das dürfte sich mehr und mehr im Berufsalltag ausgewirkt haben. Die Söhne hatten möglicherweise besser als der Vater erkannt, dass der familiäre Hofbetrieb in seiner hergebrachten Form keine Zukunft mehr hatte. Auch Heinrich machte keine Anstalten zu heiraten, obwohl – so die Aussage seines jüngeren Bruders – viele Bauern ihre Töchter gerne mit ihm verheiratet hätten und einer ihm sogar einen Kotten habe kaufen wollen, wenn er seine Tochter zur Frau nehme[82]. Die Drohung des Vaters, einfach den Hof dem jüngeren Bruder Bernhard zu überlassen, wenn er nicht bald heirate, quittierte der spätere Ordensmann mit einem gelassenen Achselzucken[83]. Aufmerksam sei darauf gemacht, dass bis auf die Älteste auch die anderen Töchter ganz offenbar keinen Partner suchten oder fanden, der bereit war, den Betrieb zu übernehmen.

Wäre es also nicht denkbar, dass für die Söhne und Töchter im Hause Mai mehrheitlich ein Ordenseintritt zukunftsweisender erschien als so weiterzumachen wie die Eltern? Für Frauen und weibliche Kongregationen des 19. Jahrhunderts hat Relinde Meiwes die Plausibilität solch einer Deutung nachgewiesen. Bei der Lektüre der Zeugenaussage von Bruder und Schwester im Informativprozess für die Feststellung des Rufes der Heiligkeit (!) sollte zusätzlich mit bedacht werden, dass es geradezu ein klassischer Topos bei Heiligenlegenden ist, Widerstand gegen eine bevorstehende Eheschließung zu leisten[84]. Auch der jüngste Sohn, Bernhard, übernahm später den Hof nicht, sondern wurde Bergmann.

Unbeschadet davon wurde die Sorge um die Eltern als Aufgabe wahrgenommen. Die Kräfte der Mutter nahmen offenbar ständig ab und sie starb am 9. Februar 1892 im Alter von 65 Jahren an „Brustwasser"[85]. Gerade zwei weibliche Zeuginnen im Prozess bescheinigen Heinrich Mai, dass er sich dadurch viel Respekt erworben habe, indem er sich anstelle der erkrankten Mutter mit sehr viel Geschick der Hausarbeit annahm[86]. Der Vater starb drei Jahre später im Alter von 72 Jahren an Altersschwäche, war zuvor aber auch vier Jahre pflegebedürftig. Der Bruder Bernhard berichtete, dass Heinrich und Dina sich um seine Pflege kümmerten[87].

Trotz der unterschiedlichen Begabung hatten die beiden ältesten Söhne aus dem Hause Mai ein gutes Verhältnis zueinander. Wie es scheint, bewunderte Heinrich seinen älteren Bruder, der ihm früher bei den Hausaufgaben geholfen hatte und in religiösen Dingen sein Vorbild war[88].

Ein Detail lässt sich bedauerlicherweise nicht nachverfolgen: In der Aufstellung der persönlichen Unterlagen des Informativprozesses ist kein Gesellenbrief oder ein Dokument über die erfolgreich absolvierte Lehre überliefert. In seinem Militärpass gab Heinrich Mai als Beruf allerdings „Gerber" an. Vielleicht gab es dieses Dokument genauso wie das verloren gegangene Schulabschlusszeugnis? Nach Einführung der Gewerbefreiheit zu Beginn des 19. Jahrhunderts dauerte es in Deutschland wohl bis zur Handwerkernovelle vom 26.07.1897, dass eine staatliche Ordnung für die Ausbildung von Handwerkslehrlingen und die Meisterprüfungen erfolgte[89]. Vielleicht war es aber auch so: Heinrich Mai hatte von seinem Vater gelernt, was der ihm über das Handwerk vermitteln konnte. Danach arbeitete er im heimatlichen Buer und im Umland zwar als geschätzter Gerber und Sattler. Von der beruflichen Qualifikation her, verfügte er jedenfalls über ein praktisches Wissen, das er so nicht nahtlos an anderer Stelle einsetzen konnte. Und möglicherweise konnte er das noch nicht einmal schriftlich belegen.

Ein weiteres Datum verdient besondere Aufmerksamkeit, weil es hilft, die Ausbildungsjahre in den zeitgenössischen Kontext zu stellen. Laut beglaubigter Kopie in den Akten des Informativprozesses wurde Heinrich Mai am 08. August 1885 gefirmt. Das erfolgte also einen Monat vor seinem 19. Geburtstag. Aus weiteren Quellen ist zu erfahren, dass an diesem Tag in Buer 1338 Firmanden durch den Münsteraner Bischof Johann Bernhard Brinkmann gefirmt wurden. Kulturkampfbedingt hatte seit rund 10 Jahren keine Firmung mehr gespendet werden können. Buer hatte zudem erst seit einem Jahr wieder mit Pfr. Albert Niemann einen Pfarrer, nachdem 1878 der langjährige Pfarrer Johann Heinrich Lappe im Alter von 99 Jahren verstorben war. Auch hier hatte wegen des Kulturkampfes kein neuer Pfarrer ernannt werden können, so dass die beiden Geistlichen Vikar Kemper und Kaplan Monse als Pfarrverwalter gewirkt hatten[90]. Das waren für die Katholiken Buers ganz praktisch spürbare Anzeichen der Entspannung im Kulturkampf. Gleichwohl dürfte auch hier das Urteil zutreffen, das Wilhelm Damberg insgesamt für die Prägung des Ruhrgebietskatholizismus durch die immerhin über 10 Jahre andauernde Auseinandersetzung formuliert hat: „Die Erfahrung der Ausgrenzung traumatisierte die Katholiken auf lange Zeit. Zugleich schweißte die gemeinsam erfahrene Unterdrückung die Kirche und die vielfältigen Elemente des katholischen Netzwerkes auf Dauer zusammen. Seit dem Kulturkampf können wir vielfach ein geschlossenes Sozialmilieu der Katholiken, in heutiger Terminologie eine Art katholische ‚Parallelgesellschaft‘ im Deutschen Reich beobachten."[91]

Dieses Reich, mit dessen offiziellen Vertretern man als Katholiken schlechte Erfahrungen gemacht hatte, verlangte aber in seiner Verfassung, dass bis auf wenige Ausnahmen jeder deutsche Mann seinen Wehrdienst abzuleisten habe. Die Zugehörigkeit zum Militär dauerte sieben Jahre, drei aktive und vier in der Reserve, danach folgten Jahre bei der Landwehr 1. und 2. Aufgebot. In dieser Zeit mussten im Militärpass alle An- und Ummeldungen eingetragen werden. Weil er während seines Aufenthalts in Dingelstädt das 39. Lebensjahr erreichte und damit für ihn die Dienstpflicht endete, war das auch der letzte Eintrag im Militärpass von Heinrich Mai. Während des Kaiserreiches wurde wegen der rasch ansteigenden Bevölkerungszahl das Wehrpflichtigenpotenzial ab einem bestimmten Zeitpunkt nicht mehr ausgeschöpft. Es gab mehr Wehrpflichtige als Möglichkeiten, sie militärisch auszubilden. Das könnte einer der Gründe dafür sein, dass der junge Sattler weniger als zwei Jahre, das heißt für 22 Monate, im aktiven Dienst war. Zwei Jahre aktiver Dienst wurden dann auch im Jahr 1893 allgemein und offiziell festgelegt[92].

Der Militärpass von Heinrich Mai dokumentiert seinen Eintritt ins preußische Heer für den 6. November 1886 als Ersatz-Rekrut. Seine Einheit war die 10. Kompagnie im 1. Westfälischen Infanterie Regiment No 13 „Herwarth von Bittenfeldt". Als er am 16. September 1888 zu Disposition wieder nach Buer entlassen wurde, wurde im Pass festgestellt: „Ist als Krankenträger ausgebildet. ... Ausgebildet mit dem Gewehr M 71/84. Ist militärisch ausgebildet."[93]

Was bedeutete Dienstzeit für einen Rekruten der damaligen Zeit? Das preußische Heer der Kaiserzeit, seine Rolle bei der Ausbildung des Militarismus in der deutschen Gesellschaft und die in der Geschichte fatalen Folgen der de facto existierenden Doppelstruktur von Politik und Militär sind ein komplexes und viel besprochenes Thema[94]. Zwei generelle Aspekte seien hier hervorgehoben:

Das Konzept der Dienstzeit war neben dem Erwerb von militärischen Fertigkeiten auch bewusst als „Schule der Nation" mit „Vaterländischem Unterricht" angelegt. Es war nicht zuletzt der Ort, wo junge Männer aus allen Teilen des Landes und allen Berufen und Schichten zusammenkamen. Es ist festgestellt worden, dass dieses Konzept in großen Teilen aufging, denn „alle diese Sozialisationsmechanismen bewirkten schließlich eine grundsätzliche Identifizierung mit der Gesellschaftsordnung des Kaiserreiches und ihren Institutionen. Zwar wurden Reformen für dringend erforderlich gehalten, aber kaum jemand stellte die Monarchie grundsätzlich in Frage."[95]

Zweitens galt, dass „die Dienstzeit beim Militär nicht unattraktiv" war[96]. Die 200.000 bis 300.000 jungen Männer, die jährlich eingezogen wurden, erlebten nicht nur „eine Organisation mit großer Disziplin, in der versucht wurde, die Mannschaften streng, aber im Großen und Ganzen gerecht" zu behandeln. Entsprechend, welchen Hintergrund die Rekruten erlebten, konnte Dienstzeit sogar bedeuten, dass je nach sozialem Hintergrund einige Rekruten die ersten eigenen Schuhe überhaupt bekamen oder zum ersten Mal nicht mit Geschwistern ein Bett teilen mussten. Hinzu kam, dass der Weg in die Kaserne für manch einen den ersten Aufbruch in die große, weite Welt mit der ersten Eisenbahnfahrt des Lebens bedeutete. Gleichwohl mussten die „dennoch spartanischen Dienst- und Lebensverhältnisse der Mannschaften" immer weiter verbessert werden und ein Dauerthema blieben ein „Übermaß an Drill und Bevormundung" und auch Misshandlungen von Untergebenen durch die Unteroffiziere[97].

Was erfahren wir über die Dienstzeit von Heinrich Mai?

Es gibt von ihm selber keinerlei direkten Kommentar über diese Zeit; was bekannt ist, leitet sich von Aussagen während des Prozesses her. Danach stand zum Mindesten vor dem ersten Diensttag die Frage im Raum, wie es einem jungen frommen Mann beim Militär ergehen werde: Wäre es möglich, seinen Glauben weiterhin zu praktizieren oder stand zu befürchten, dass er in „religiöser Beziehung dort mehr verlor als gewann"? Würde er wegen seiner Frömmigkeit „gehänselt werden"[98]? Zu diesen Annahmen passt zwar der Bericht der leiblichen Schwester Antonetta, dass ihr Bruder anlässlich eines Besuches bei ihr von der Oberin zur Seite genommen worden sei und die ihm ans Herz gelegt habe, „wie ein Soldat heilig leben könne", nur kann das von den Daten her nicht stimmen. Sie trat erst nach seiner Militärzeit bei den Schwestern Unserer Lieben Frau ein[99].

Offenbar gab es aber bezüglich des Messbesuchs seitens der Vorgesetzen für Heinrich Mai überhaupt keine Schwierigkeiten. Seine ehemaligen Kameraden und auch andere Zeugen belegen, dass er regelmäßig zur Kirche ging, wie es sein Dienst zuließ. Notfalls ging er nachmittags oder zur Frühmesse. Ein Kamerad sagte wörtlich aus: „Damals gab es keinen Zwang, zur Kirche zu gehen, es gab auch keine Militärgeistlichen. Ordentliche Leute gingen sonntags aus freien Stücken nach dem Appell zur Kirche, einige auch wohl schon morgens früh."[100]

Ansonsten sprechen alle Zeugenaussagen dafür, dass er sich schlicht und ergreifend einordnete und nicht weiter auffiel. Leute, die ihm in und außer Dienst begegneten, trafen einen „strammen Soldaten". Möglicherweise kam ihm die durch Regeln klar geordnete Welt persönlich auch entgegen und er bejahte sie. Ein ehemaliger Schulkamerad berichtet zumindest davon, dass sich der spätere Franziskaner anlässlich einer Begegnung beim Heimaturlaub Mühe gegeben habe, „mir den zweiten Kriegsartikel beizubringen"[101].

Das muss allerdings nicht automatisch heißen, dass Heinrich Mai die Umgangsformen zwischen Unteroffizieren und Mannschaften guthieß und sich alles gefallen ließ. Einer seiner Kameraden erinnerte sich, dass er „beim lauten Anruf leicht zusammenschrak"[102]. Dass ihm der Kasernenhofton nicht gefiel, klingt auch aus der Aussage eines Schulkameraden heraus. Der Vater habe einmal aus einem Brief des späteren Bruder Jordan zitiert: „Ich weiß nicht, ob ich soviel Ähnlichkeit mit dem Kaninchen habe. Sie packen mich immer bei den Ohren."[103] Ein späterer Mitbruder berichtet, dass Bruder Jordan vom Militär erzählt habe, „dass er eine Zeitlang auf der Küche beschäftigt war; dass man ihn aber dann den Posten wieder genommen hätte, weil er aufgetreten sei gegen Unteroffiziere, die das Fett von der Suppe genommen hätten. Auch ein Stück aus der Manöverzeit gab er schon mal zum besten: wie der Feldwebel ihn mal zum Waschen eines weissen Hemdes herangenommen hat, das er – weil er es nicht sauber bekommen habe – mit der Bürste bearbeitet hätte. Zum zweiten Mal habe der Feldwebel ihm aber keines wieder anvertraut."[104]

Gut denkbar, dass Heinrich Mai in einem gewissen Rahmen auch mit Bauernschläue durch die Militärzeit kam. Dass das ein ansonsten übliches Rezept gewesen sein könnte, blitzt in der Aussage eines ehemaligen Mitsoldaten auf. Es war im Prozess die Frage vorgesehen, ob man Bruder Jordan für harmlos oder beschränkt halte. Darauf erfolgte die Antwort: „Bruder Jordan war keines-

wegs beschränkt und dumm, er war nur so „dumm", wie wir katholischen Soldaten bei dem gehässigen protestantischen Feldwebel, der die Katholiken nicht leiden konnte, alle waren – d. h.
er war genauso klug wie die anderen katholischen Soldaten."[105]

In einer Art frommer Schlagfertigkeit lässt sich auch die Antwort
auffassen, die er seinem Quartierswirt während eines Manöver-
sonntags gab, als der ihn nach Kirche und Kommunionempfang
einlud, mit ihm in der Wirtschaft einen zu trinken. Der bekam
die freundlich ablehnende Antwort: „Ich will den lieben Herrn
nicht sofort mit Schnaps tränken."[106]

Schaut man auf den inneren Weg, den Heinrich Mai zwischen
der Einschulung und dem Ende der Dienstzeit nahm, lässt es
sich am besten so zusammenfassen: Auf dem Wertefundament
einer strengkirchlichen Erziehung entfaltete sich in den Turbulenzen der Kulturkampfzeit der Charakter eines jungen Mannes,
der, mit innerer Ruhe und Humor begabt, damit begann, seine
eigenen Entscheidungen zu treffen und seinen eigenen Weg zu
gehen. So konnte er auch die Bewährungsprobe in der Zeit des
Militärdienstes bestehen.

Kapitel 3
Geburt einer Zechenstadt

Die Gründung des Deutschen Reiches hatte die Voraussetzungen dafür geschaffen, dass auch in Buer Kohle gefördert werden konnte. Daraus entwickelte sich eine Dynamik, deren Urgewalt wohl kaum jemand hatte vorhersehen können. Ein Heimatforscher bringt es in die Sätze: „Gelsenkirchen, bis 1860 eine unbekannte Bauerschaft im Gemeindeverbande von Wattenscheid, wurde fast über Nacht zur größten Kohlenstadt des Kontinents."[107] In diesem Satz schwingt Stolz mit, es verbirgt sich darin aber auch ein Problem. Buer schloss sich erst im Jahr 1928 mit den Städten Horst und Alt-Gelsenkirchen zum Stadtgebiet Gelsenkirchen zusammen. Beim Blick auf Zahlen muss immer geschaut werden, wovon die Rede ist: geht es um Buer oder Gelsenkirchen, das Amtsgebiet Buer oder die vereinigte Stadt Gelsenkirchen. Legt man die Zahlenreihe bei Gottfried Beer zu Grunde, dann ist die Entwicklung alleine in Buer so verlaufen: Im Jahr 1875 hatte Buer 5.000 Einwohner, im Jahr 1900 waren es 29.000 Bürger. Nur 10 Jahre später lebten im „Amtsbereich Buer" bereits 61.500 Menschen, im Jahr 1911 wurde Buer zur Stadt erhoben. Nochmals rund weitere 10 Jahre später, nämlich 1922, war Buer „die erste Großstadt im Vest Recklinghausen" und zählte 100.000 Einwohner[108]. Geht es ausdrücklich um Gelsenkirchen, dann wurden im Jahr 1930 für die „Stadt Gelsenkirchen" nach Eingemeindungen 331.658 Einwohner gezählt. Im Jahr 1867 waren es noch 5.030 gewesen[109].

45

In Buer wurde 1873 der erste Schacht der Zeche Hugo abgeteuft, aus dem man fünf Jahre später Kohle förderte. Bei Beginn der Kohleförderung arbeitete dort eine Belegschaft von 325 Mann. Vor Beginn des Ersten Weltkriegs gab es aber schon allein „auf Buerschem Gebiet 10 Schachtanlagen mit 19 Schächten", wo eine „Gesamtbelegschaft von 21.000 Mann ... im Jahre 1913 schon 5,6 Millionen Tonnen Kohle förderten"[110].

Hinter diesen bis heute beeindruckenden Zahlen standen vielschichtige Umwälzungen im bis dahin unbekannten Umfang. Bezüglich der Veränderungen im Stadtbild war es den Autoren aus dem Heimatverein Buer im Jahr 1954 sehr wichtig zu betonen, dass in Buer die Ansiedlung der vielen Menschen für die Industrie in einer „Industriestadt im Grünen" viel besser gelungen sei als in ihrer „Schwester südlich der Emscher", „vor deren Häßlichkeit sich die Mitwelt schaudernd abwandte, weil die Gier nach dem Profit und die Arbeit in der Tiefe ihr Antlitz geformt hatten".[111]

Durch die Formulierung klingt offenbar leichte lokale Rivalität durch! Dennoch: Trotz dieser möglicherweise etwas besseren Antwort bei der Stadtraumgestaltung in Buer standen die Menschen nördlich und südlich der Emscher vor den gleichen Herausforderungen.

Wie sollte die große Zahl von Neuankömmlingen auch sozial integriert werden? Wie musste man die wirtschaftlichen und sozialen Fragen im Umfeld der sich bildenden großindustriellen Betriebe angehen? Diese beiden Fragen und wie sich Heinrich Mai dazu stellte, werden hier getrennt voneinander und nacheinander besprochen.

Bergbau und sich darum bildende Industrie lockten auch nach Buer Menschen aus der Ferne. Im Bereich der Un- und Angelernten waren das vor allem Zuwanderer aus „den Agrarregionen des preußischen Ostens". Die waren im ganzen Ruhrgebiet und damit auch hier „überwiegend männlich und zwischen 20 und 35 Jahre alt." Diese Zuwanderer neigten dazu, „das rasch nachzuholen, was ihnen in ihren Herkunftsregionen aus wirtschaftlichen Gründen in der Regel versagt geblieben war: die Familiengründung; und sie übertrugen ländliche Fortpflanzungsgewohnheiten, das hieß vor allem eine große Kinderschar, in die Industrieregion."[112]

Woran ließen sich Veränderungen im Leben der Bevölkerung festmachen? Bis zum ersten Weltkrieg blieben in der Zuwanderergeneration „unterscheidende Herkunftsmerkmale" erhalten, erst in der Kindergeneration schliffen sich diese Merkmale ab. Manchmal war und ist es gleichwohl schwer zu unterscheiden, was offen sichtbare Merkmale von Profilierungstendenzen einzelner Gruppen waren oder nicht einfach auch Folgen der „Jugendlichkeit und des Alleingelassenseins der vorwiegend männlichen Zuwanderer" und der sich für alle entwickelnden Gaststättenkultur[113]. Manche Neubürger kleideten sich zum Beispiel anders, Schnapskasinos blühten auf und es kam eine Neigung auf, Auseinandersetzungen mit anderen vor allem gewaltsam zu lösen[114]. Hinzu kam die Erfahrung einer großen Bewegtheit und Unstetigkeit in der Bewohnerschaft, die sich zum Beispiel im sogenannten „Zechenlaufen" äußerte. Darunter war ein häufiger Arbeitsplatzwechsel und Wohnungswechsel der jungen Arbeiter zu verstehen, die auf „ihnen unerträglich scheinende Arbeitsplatzbedingungen" reagierten oder versuchten, „bessere Lohnangebote anderer Gruben in konjunkturellen Aufschwungphasen" zu nutzen. Im religiösen Bereich stellte sich für die ihrem ursprünglichen Gemeindeleben entfremdeten Zuwanderer zudem die Frage, wie und ob sie sich neu im kirchlichen Leben verwurzeln konnten oder ob sie sich nicht sogar ganz vom Glauben entfernten[115].

Als Heinrich Mai zum Militär ging, waren diese Fragen schon bedeutsam. Nach seiner Rückkehr waren sie nicht nur nicht gelöst, sondern stellten sich verschärft. Die Quellenlage darüber, wie sich der junge Sattler zum Wandel seines Lebensumfeldes stellte, ist nicht sehr breit. Es sind vor allem zwei Punkte, auf die verwiesen werden kann: seine Mitgliedschaft im Gesellenverein und der Umbau der Pfarrkirche.

Bereits am 28. Mai 1865 war in Buer ein Gesellenverein nach dem Vorbild Adolf Kolpings ins Leben gerufen worden; sogar in der Nachbarschaft des Hofes der Familie Mai. Allerdings musste zunächst beim über 80 Jahre alten Pfarrer Lappe Überzeugungsarbeit geleistet werden. Immerhin hatte der ja schon vor 30 Jahren die Marianische Sodalität gegründet. Der neue Verein, der nicht nur auf Gebet setzte, sondern Gemeinschaft, Geselligkeit und Bildung pflegte, war ihm zunächst verdächtig. Schließlich ließ er sich umstimmen und erteilte seine Zustimmung zur Gründung. Bis zum Amtsantritt des neuen Pfarrers im Jahr 1884 war Vikar Hagedorn Präses des Gesellenvereins[116]. Im Rückblick stellt sich heraus, dass es gerade diese, möglicherweise schon für die Zeitgenossen als neu empfundene Mischung von Religiosität, Bildung und sozialer Unterstützung für die wandernden Gesellen war, die zur wichtigen Hilfestellung für die entwurzelten Neubürger werden konnte[117]. Zwar herrschten strenge, allgemeinverbindliche Regeln für den Gottesdienstbesuch der Kolpingssöhne: „An jedem ersten Sonntag im Monat gingen die Gesellen zur Männerkommunion und an vier Tagen im Jahr zur Generalkommunion. Wer am Josefstag, dem Urbanustag, zu Mariä Himmelfahrt oder am Kolpinggedenktag dreimal unentschuldigt fehlte, wurde öffentlich ausgeschlossen. Als Entschuldigung galt laut Satzung nur Krankheit oder Abwesenheit von Buer."[118] Daneben wurde aber eben auch Kulturprogramm und Bildungsarbeit angeboten: eine eigene Theatergruppe, ein Gesellenchor, Vorträge bei den sonntäglichen Treffen und Sonderkurse für Deutsch und Rechnen. Die Vorträge im Gesellenverein der damaligen Zeit behandelten vor allem kulturelle und religiöse Themen. Meist referierte der Präses, es wurden aber auch externe Redner eingeladen[119]. Dass dieses Modell attraktiv war und immer mehr neue Mitglieder gewonnen werden konnten, zeigt sich schon daran, dass ein eigenes Gesellenhaus gebaut werden musste, um die vielen Mitglieder unterzubringen. Es wurde im Jahr 1889 eingeweiht. Beer spricht davon, dass danach zu den Vorträgen regelmäßig 80 bis 90 Mitglieder kamen[120].

Die Träger des Gesellenvereins waren schwerpunktmäßig Handwerker. Das erklärt wohl auch, dass Heinrich Mai im Alter von 17 Jahren in dieser Gruppe Mitglied wurde. Eine Mitgliedschaft im Katholischen Knappenverein Buer, der im Januar 1874 gegründet worden war und später in den Katholischen Arbeiterverein überging, hätte für einen Sattler und Gerber überhaupt keinen Sinn gemacht[121]. Erst im Laufe der Zeit traten dem Gesellenverein auch „einfache Arbeiter und Maschinenbediener" bei[122].

Bei Kolping war der spätere Bruder Jordan gelegentlich Fahnenträger. Das wird von einzelnen Zeugen berichtet; auch, dass er regelmäßig mit zur Kommunion ging[123].

In welchem Geist er Vereinsleben sah, wird aus dem ersten uns erhaltenen Brief aus dem Jahr 1907 an Gottfried Keppler, einen jungen Mann, den er aus seiner Zeit in Dingelstädt kannte, deutlich. Sein Bekannter war aus Berufsgründen ins überwiegend protestantisch geprägte Kassel umgezogen. Der Ordensmann stellte über diese Gegend fest: „Gute Kameraden kannst Du dort wohl kaum haben. Darum meide sie, soviel Du kannst, wenigstens in Deiner freien Zeit." Besser wäre es für den jungen Mann, „Dich so bald wie möglich um eine andere Stelle in einer gut katholi-

schen Gegend umzusehen. ... Dann könntest Du Dich auch guten Vereinen anschließen und Du wärest nicht mehr so ganz auf
Dich allein angewiesen. In Deiner freien Zeit könntest Du Dich
mit anderen gutgesinnten Mitgliedern unterhalten, und der öf-
tere Empfang der heiligen Sakramente würde Dir leichter sein."[124]

Dieses Zitat deckt sich mit den Aussagen der Zeugen, wie sie
Heinrich Mai im Vereinsleben erlebt hatten. Er schätzte die Zu-
sammenkünfte und den Austausch mit Gleichgesinnten und die
Möglichkeit zum häufigen Kommunionempfang. Andererseits
wird auch die defensive Grundausrichtung dieser Zusammen-
künfte gegenüber einer dem Glauben wenig förderlichen Umwelt deutlich. Hierin war Heinrich Mai ganz und gar ein Kind
des katholischen Milieus in der Zeit nach dem Kulturkampf.
Dass dennoch Gruppendenken keine rein katholische Eigenart
war, lässt sich gut daran aufzeigen, dass auch die junge evangelische Gemeinde Buers nach ihrer Gründung und dem Kirchbau
im Jahr 1893 ihre eigenen konfessionell geschlossenen Vereine
ausbildete: Angesichts der Turbulenzen und Umwälzungen der
Gegenwart erschien konfessionsübergreifend als beste Strategie,
erst einmal unter seinesgleichen zusammenzuhalten[125]. Das Aufkommen der Frage einer Zusammenarbeit von Katholiken und
Protestanten in den Christlichen Gewerkschaften" um der Ar-
beiterrechte willen, wie sie sich in Buer verstärkt nach der Jahr-
hundertwende stellte, lag für Heinrich Mai erst nach seinem
Ordenseintritt. Das blieb deshalb außerhalb seines Blicks[126].

Die aus dem Zuzug vieler neuer Bewohner erwachsende Herausforderung und die Ambivalenz von Lösungen lässt sich noch an
einem weiteren Beispiel aufzeigen: Die altehrwürdige St. Ur-
banuskirche war nicht nur für den Andrang der Gottesdienstbesucher mittlerweile viel zu klein, sie war auch zum Teil baufäl-
lig geworden. Als sich im Jahr 1889 Teile der Holzdecke lösten

und in die Kirche fielen, war klar, dass gehandelt werden musste. Zu Beginn des Jahres 1890 vereinbarten die Kirchengemeinde und der Gesellenverein einen Pachtvertrag über die Nutzung des Saales im Vereinsheim. Damit war eine Ausweichmöglichkeit für die Gottesdienste gefunden. Am 31. August dieses Jahres wurde eine letzte Messe in Alt-St.-Urbanus gefeiert. Am 7. September wurden die Gottesdienste im Vereinsheim aufgenommen. Im Vorfeld hatte sich die Überzeugung durchgesetzt, dass es eines kompletten Kirchneubaus an der gleichen Stelle bedurfte. Insofern hatte schon vor dem ersten Gottesdienst im Ausweichquartier der Abbruch des Kirchengebäudes begonnen. Das Verschwinden des ältesten Gebäudes in Buer parallel zu den anderen Umwälzungen dürfte auch dem Letzten klargemacht haben, dass sich die Zeiten veränderten. Natürlich ging es darum, Platz für neue und mehr Menschen zu schaffen, aber was bedeutete das für den Wert des Althergebrachten? Offenbar löste dieser radikale Schritt auch Unbehagen aus. Eine direkte Folge des Kirchenneubaus war deshalb die Gründung des „Vereins für Orts- und Heimatkunde" in Buer[127]. Nachdem der Bauplatz freigeräumt war, begannen im April 1891 die Arbeiten für den Neubau. Die neue Kirche wurde am 9. Oktober 1893 konsekriert. Sie bot jetzt mit 650 Sitzplätzen und 800 Stehplätzen Raum für 1450 Gottesdienstbesucher. Für die Bewohner Buers wurde es ihr „Dom", eine Bezeichnung, die sich bis heute in den Namen verschiedener Geschäfte im Umfeld der Kirche hält. Ende und Neubeginn Abbruch und Aufbruch durchmischten sich.

Wie sich Heinrich Mai in dieser Umbruchszeit fühlte und verhielt, ist nicht überliefert. Denkbar ist sicherlich, dass er als Gemeindemitglied und Kolpingssohn tatkräftig anpackte, wo das gefordert war. Für ihn persönlich ereignete sich Abbruch und Aufbruch in diesen Jahren sicherlich noch auf anderer Ebene. Während der Kirchenbaustelle verstarb am 5. Februar

1892 seine Mutter, seine Schwester Antonetta trat im selben Jahr bei den Schwestern Unserer Lieben Frau in Mühlhausen ein[128].

Neben den Umwälzungen in der Bevölkerung war die Geburt der Zechenstadt begleitet von großen Veränderungen im beruflichen und wirtschaftlichen Feld. Der Bergbau in Buer entwickelte sich in Betrieben von einer Größe, die bisher so nicht bekannt war. Gleichzeitig war es schon seit Mitte des Jahrhunderts in den Abschnitten des Ruhrbergbaus, wo die Kohleförderung zeitlich früher eingesetzt hatte, im Verhältnis zwischen den Unternehmern und den Knappen zu einer folgenreichen Veränderung gekommen. Traditionell hatte im Bergbau ein patriarchalisches Verhältnis zwischen Zecheneignern und den Arbeitern bestanden. Das schloss eine gegenseitige Bindung durch Rechte und Pflichten ein, auf die man sich im Konfliktfall berufen konnte. Durch die Bergrechtsreform der Jahre 1851 bis 1865 waren die Vertreter der Unternehmerseite in die Rolle der Bergbehörden geschlüpft, allerdings „ohne deren soziale Verpflichtungen zu übernehmen". Dadurch war ein „Herr-im-Haus-Standpunkt" entstanden. Die Besitzer der Zechen hatten grundsätzlich die alleinige Macht zu bestimmen, was auf ihren Zechen galt und orientierten sich dabei vor allem an wirtschaftlichen Gesichtspunkten. Das neue Deutsche Reich setzte nach 1871 mehr auf die Unternehmer als auf die Arbeiter. Und genauso, wie die Katholiken als potentielle Gegner der inneren Reichsgründung ausgegrenzt werden sollten, setzte Reichskanzler Bismarck ab 1878 mit den Sozialistengesetzen auf einen Kampf gegen die Sozialdemokraten. Auch das gab den Zechenbesitzern weitere Handhabe bei der Gestaltung ihrer Betriebe, um gegen ihnen unbequeme Vertreter von Arbeiterinteressen vorzugehen. Fragen der Lohngerechtigkeit, der Arbeitszeitregelung und des Arbeitsschutzes konnten nicht verhandelt werden. Stattdessen kam es

Buer

in manchen Betrieben seitens der Eigner zu Exzessen „betrieb-
lichen Strafwesens"[129]. Diese Konfliktlage einer „Institutionali-
sierung der Kommunikationsverweigerung" war dazu geeignet,
Extreme zu befördern und zu befestigen: autoritäres Macht- und
Elitenbewusstsein des Besitzadels einerseits und die „Orientie-
rung an der Sozialismus-Utopie und deren freilich relative Unfä-
higkeit zur Reform" seitens der Vertreter der sich herausbilden-
den Arbeiterklasse andererseits[130].

Was lässt sich über die Erfahrungen des jungen Heinrich Mai in
diesem Spannungsfeld sagen?

Interessanterweise spricht vieles dafür, dass er aus zwei Perspektiven auf diese Situation blicken konnte. Der spätere Bischof von
Essen Franz Hengsbach zitierte im Jahr 1954 in der ersten Nummer der Zeitschrift Bruder Jordans Weg aus einem Brief eines

Mannes aus Buer, der als siebenjähriger Schüler seinen 11 Jahre älteren Bruder bei einem Unglück auf der Zeche verlor. Der ältere Bruder, ein Bergeleve, starb bei einem Sturz aus dem Förderkorb in den Zechenschacht. Der kleinere Bruder wurde morgens auf dem Weg von der Kirche zur Schule kurz nach Bekanntwerden des Unglücks durch den Lehrer darüber benachrichtigt. Der Zufall fügte es, dass Heinrich Mai ebenfalls anwesend war und die Aufgabe übernahm, den späteren Briefschreiber zu trösten. Beide gingen zurück in die Kirche und beteten miteinander den Rosenkranz für den Verunglückten. Später benachrichtigten der Vikar und Heinrich Mai auch die Eltern[131]. Bei P. Alois sind der Junge und sein älterer Bruder sogar namentlich identifiziert, der Brief selber ist aber nicht erhalten[132].

Hengsbach weiß daneben noch um einen Ausspruch Jordans gegenüber einem ehemaligen Ordenskandidaten, der später in die Diözese gewechselt war, um Priester werden zu können: Danach habe Jordan besonders das Apostolat für die Arbeiter empfohlen[133]. Der Brief liegt im Archiv des Bruder Jordan Werkes vor. Der Schreiber, Aloys Kampmann, berichtete im Jahr 1951 an P. Alois Eilers brieflich aus Brasilien, dass Jordan zwar für Kolping „schwärmte", mit ihm doch einig gewesen sei im Gedenken an die Arbeiter. Bei einem Besuch Jahre nach dem Austritt in Dortmund habe man sich erneut ausgetauscht. Bruder Jordan „konnte sich kein größeres Apostolat denken, als für den Arbeiter einzutreten, denn der Heiland selbst hatte doch die Arbeit gesegnet durch sein eigenes Arbeiten, es müsste darum eine Sache sein, die Gott gesegnet und gewollt. Es fehle zu viel an Verständnis und Interesse sich in den Geist des Arbeiters zu vertiefen."[134]

Schließlich verweist Hengsbach auch auf einen Ausspruch des Bruder Jordan gegenüber einem weiteren Mitbruder. Danach habe er gesagt: „Ich bete dann für die Bergleute, die unter Tage arbeiten. Sie haben einen sehr schweren Stand. Es vergeht kein Tag, an dem nicht verunglückte oder sterbende Bergleute aus dem Bergwerk geholt werden. ... Man muss sich vorstellen, welcher Jammer in einer Bergarbeiterfamilie ist, wenn der Vater tot oder verletzt heimgebracht wird."[135] Diese Aussage stammte von dem im Jahr 1944 aus dem Orden entlassenen Nikolaus Mock. Er hatte sie am 01. August 1953 schriftlich bei P. Alois Eilers vorgelegt.[136] Diese Aspekte waren während des Informativprozesses noch nicht gefragt. Insofern tauchen sie auch in der Aussage aus dem Jahr 1935 nicht auf.

Ordnet man diese Zeugnisse ein, lässt sich feststellen: Zumindest der erste Bericht über das Trösten eines Schulkindes, dessen älterer Bruder bei der Arbeit auf der Zeche verstorben ist, passt in den Rahmen dessen, was Heinrich Mai laut den Zeugenaussagen im Informativprozess ausmachte. Danach hat er mit dem Jungen einfach das getan, bei dem er offenbar selber Trost und Kraft fand: beten! Die beiden anderen Aussagen sind späteren Datums. Dennoch darf auch so grundsätzlich davon ausgegangen werden, dass die Bewohner Buers miterlebten, was auf der Zeche geschah und Anteil an dem nahmen, was Schulkameraden oder deren Familienmitgliedern widerfuhr. Es weist vieles darauf hin, dass Heinrich Mai die Erfahrungen, die er mit dem industriellen Wandel und besonders mit dem Bergbau machte, später auch mit ins Kloster und in sein Gebet nahm; und zwar aus der Perspektive der Arbeiter. Über seine Familie und die Besuche zu Hause, bekam er auch nach dem Ordenseintritt mit, was in Buer vor sich ging. Was Jordan wortwörtlich gesagt hat oder wie stark da schon die spätere Bruder-Jordan-Verehrung mitgeprägt hat, lässt sich nicht überprüfen und ist vielleicht auch gar nicht so wichtig. Es sind dennoch Belege dafür, dass ihn das Thema durchgängig beschäftigte.

Zu den ganz markanten und mehrfach belegten Erfahrungen gehören noch die Ereignisse des Jahres 1889. Es fügte sich, dass der junge Gerber auf einmal auf Seiten der Staatsgewalt stand.

An und für sich war das Ruhrgebiet „keine von besonderer Streikbereitschaft gekennzeichnete Region gewesen und es ist bis zum Kriegsausbruch auch nicht zu einer solchen Region geworden"[137]. Im Verlauf des Jahres 1888 kam es dennoch in vielen Gegenden des Ruhrgebietes bei vielen Gewerben zu Streiks. Zunächst war es dabei um knappschaftliche Rechte gegangen, dann schlug der Arbeitskonflikt im Jahr 1889 in eine „mindestens 90.000 der rund 104.000 Ruhrbergleute erfassende Lohnbewegung um"[138]. Der Konflikt bekam durch die Masse der Beteiligten und durch eine Delegation dreier Bergleute, „übrigens mehr oder weniger offene Sozialdemokraten" zum Kaiser hohe öffentliche Aufmerksamkeit[139]. Es war der erste große Bergarbeiterstreik überhaupt, dem im Rückblick die Stellung als „Schlüsselereignis" für die Konfliktgeschichte der Ruhrbergleute zugestanden worden ist. Der Streik scheiterte, was die konkreten Forderungen der Bergleute anging, löste aber in einigen Bereichen der Zechen langfristig Verbesserungen aus[140].

Der preußische Staat folgte bei aller gleichzeitig öffentlich zur Schau getragenen Sympathie des Kaisers für die Anliegen der Bergleute in seinem Verhalten althergebrachten Mustern: Er setze sein Militär zur Wahrung der inneren Ordnung ein. Die Aufgabe der Soldaten war unter anderem die Absicherung der Zechen.

Das betraf ganz konkret den gerade aus seiner Dienstzeit entlassenen Heinrich Mai: Er wurde von April bis September 1889 aus der Ersatzreserve wieder zu seinem Regiment einberufen[141].

Es gibt Belege für zwei Orte, an denen Heinrich Dienst tat: Die Zechen „Blumenthal" in Dortmund–Berghofen und „Graf Moltke" in Gladbeck[142].

Beim Einsatz in Gladbeck kam es zu gewaltsamen Auseinandersetzungen zwischen der Einheit von Heinrich Mai mit den Streikenden. Es wurde Schießbefehl gegeben und Menschen kamen ums Leben. Noch in der Streikzeit hat der junge Soldat anderen gegenüber Wert daraufgelegt, dass er über die Köpfe weggeschossen habe. Bei einem Menschen, der nicht einmal ein Tier töten konnte, scheint diese Aussage sehr glaubhaft. Gleichzeitig ist die Begebenheit auch interessant für den Lösungsansatz, den der zu Respekt gegenüber Autorität erzogene junge Mann in dieser Konfliktlage zwischen soldatischem Gehorsam und dem biblischen Verbot zu töten fand.

Blickt man auf den ganzen Vorgang des industriellen Wandels in Buer, wird deutlich, wie zutiefst ambivalent die Gesamtsituation war. Alle mussten sich neu orientieren. Wenn von der Entwurzelung der Arbeiter gesprochen wird, sollte nicht aus dem Blick geraten, dass auch die Alt-Eingesessenen ihre zum Teil uralten Bezugspunkte verloren.

Neue Arbeitsplätze und eine wachsende Urbanisierung der Stadt verbanden sich mit der Herausforderung, neue Menschen zu integrieren. Alte Strukturen passten nicht mehr und neue Wege wurden gesucht. So entstanden etwa Vereine, die durch Bildung und Gemeinschaftspflege mehr machten als nur zu beten. Emotional war die neue Zeit mit Trauer und mit Kreativität gleichermaßen erfüllt. Im Bereich der Kirchengemeinde St. Urbanus war das besonders nachhaltig erfahrbar durch den Abriss des alten Kirchengebäudes und der Errichtung eines Neubaus.

Die Revolutionierung von Arbeit und der Wirtschaftsweise produzierte ebenfalls eine Zweideutigkeit: Neue Arbeitsfelder brachten neue Berufsrisiken, gestiegene Verdienstmöglichkeiten standen neben herrischem Verhalten von Unternehmern. Reaktionäres Verhalten stellte sich unverbunden neben revolutionäre Zukunftsvisionen[143].

Heinrich Mai ist in dieser Hinsicht als ein Zeitzeuge an der Seite vieler Bürger Buers zu sehen. Dabei galt bei aller Offenheit für die Anforderungen der Gegenwart seine Sympathie sicherlich tendenziell eher dem Althergebrachten. Aufgewachsen in herkömmlichen Formen nützte er die Chancen, die das Neue brachte, hatte aber sicherlich auch wie manche seiner Zeitgenossen auch mit dessen Risiko und Komplexität zu kämpfen. Geradezu sinnbildlich dafür ist, wie er die neuen Möglichkeiten der Mobilität nutzte. Ab 1879 und später ab 1905 wurde Buer immer mehr ans Eisenbahnnetz angeschlossen. In den ersten Jahren des 20. Jahrhunderts fuhr dann auch die „Elektrische" durch die Straßen der Stadt[144]. Es ist mehrfach belegt, dass der Ordensmann Bruder Jordan sowohl Eisenbahn als auch Straßenbahn benutzt hat. Sein leiblicher Bruder bescheinigte ihm allerdings viele Jahre später: „Br. Jordan fand sich in den späteren Ordensjahren in der Welt gar nicht mehr zurecht. Wenn er bei uns auf Besuch war, musste ich sogar sorgen, dass er nicht unter die Straßenbahn kam."[145]

Kapitel 4

Aus Heinrich wird Jordan:
Eintritt bei den Franziskanern

Die Jahre 1894 und 1895 brachten für Heinrich Mai einen entscheidenden Wendepunkt in seinem Leben. Nach dem Tod der Mutter gehörten zum Haushalt neben Heinrich der alte, erkrankte Vater, der älteste Bruder Peter, die unverheiratete Schwester Bernhardine und der jüngere Bruder Bernhard. Zwei Schwestern waren in einen Orden eingetreten, Antonetta erst im Jahr 1892.

Heinrich selber trat im Herbst 1894 in sein 28. Lebensjahr. Möglicherweise wurde ihm mehr und mehr bewusst, dass er eine Entscheidung über sein weiteres Leben treffen musste. Er stand vor der Wahl, ob er aus Loyalität gegenüber dem Vater und dem Bruder den Familienbetrieb weiterführen oder seiner religiösen Neigung folgen sollte. Alle Zeugen stimmen darin überein, dass am Ende das Anhören von Predigten durch den „blinden", „bärtigen" Jesuitenpater Ferdinand Hucklenbroich (1828–1903) den Ausschlag gab. Ob diese Predigt im Rahmen von Exerzititen im Gesellenverein oder während des 40stündigen Gebetes an Karneval gehalten wurde, ist nicht weiter bedeutsam. Der Vater tat sich anfänglich mit der Entscheidung schwer, fand sich schließlich damit ab. Der ältere Bruder Peter unterstützte den Wunsch von Heinrich. Das soziale Umfeld in Buer war letztlich nicht wirklich überrascht, weil man es den Mitgliedern der Familie Mai per se zutraute, einen klösterlichen Weg einzuschlagen[146]. Der selbstverständliche Klosterwunsch wird in einigen Fällen verbunden mit einer Geschichte, die man sich in Buer erzählte, nach der Heinrich Mai Interesse an einem Mädchen gehabt habe. Die beiden hätten aber nicht darüber gesprochen. Als der junge Sattler und Gerber sie hätte fragen wollen, habe bei ihr der Klosterwunsch jedoch schon festgestanden. Das habe bei Jordan den letzten Ausschlag gegeben[147]. Die betreffende junge Dame und mittlerweile gestandene Ordensfrau sagte im Prozess ebenfalls aus. In ihrem Bericht zitierte sie ihren leiblichen Bruder, der an dem besagten Tag ihrer Abreise vom elterlichen Hof mit Jordan an einer Matratze gearbeitet habe. Der habe Heinrich Mai murmeln gehört: „Ich gehe auch ins Kloster."[148] Dem entspricht eine Aussage eines anderen Schulkameraden, der bezweifelte, „dass er sich um Mädchen jemals gekümmert hätte"[149].

Der nächste mögliche Kontaktpunkt zu Franziskanern lag örtlich gesehen nur 12 Kilometer entfernt in Dorsten. Bei Gottfried Beer findet sich die Information, dass die Brüder Peter und Heinrich dort im Jahr 1894 gemeinsam anfragten, wie denn ein Ordenseintritt möglich gemacht werden könne. Sie hätten dort die Auskunft erhalten, dass der Eintritt im Kloster im niederländischen Harreveld zu erfolgen habe[150]. In den Akten des Informativprozesses ist belegt, dass Heinrich und Peter nach Harreveld fuhren. Über den Militärpass ist als Datum sogar der 4. Januar 1895 genau bestimmbar[151]. Gleichwohl ist eine Kontaktaufnahme in Dorsten im Vorfeld gut vorstellbar.

Anhand der beiden Ortsangaben Dorsten und Harreveld und der Geschichten dieser Niederlassungen können die Voraussetzungen dargestellt werden, auf die Heinrich dann bei seinem offiziellen Ordenseintritt am 28. August des Jahres 1895 traf.

In Dorsten wohnten (und wohnen) seit 1488 mit einer kurzen Unterbrechung während des 30jährigen Krieges Söhne des heiligen Franziskus[152]. Der Reichsdeputationshauptschluss des Jahres 1803 und ein napoleonisches Edikt vom 01. Dezember 1810 bedeuteten für die überwiegende Mehrzahl der Klöster in Preußen das Ende. Ordensniederlassungen mit einer zum Teil jahrhundertelangen Geschichte hörten auf zu existieren. Das Kloster Dorsten konnte bestehen bleiben, wohl auch deshalb, weil die Brüder vor Ort eine Schule betrieben hatten. Es ergingen allerdings Auflagen, dass eine bestimmte Anzahl an Bewohnern nicht überschritten und dass keine Novizen aufgenommen werden sollten. Weil die Einhaltung dieser Bestimmungen auch seitens des preußischen Staates, zu dem Dorsten nach dem Wiener Kongress gehörte, eingefordert wurde, ergab sich ein auch hier mit der Zeit eine die Existenz bedrohende Lage durch die Überalterung der wenigen verbliebenen Franziskaner. Erst nach dem Regierungsantritt des preußischen Königs Friedrich Wilhelm IV. im Jahr 1843 ließ der staatliche Druck nach. Zu diesem Zeitpunkt war zum Beispiel die Kölnische Franziskanerprovinz, die ebenfalls auf preußischem Gebiet gelegen hatte, bis auf eine Handvoll verstreut lebender ehemaliger Franziskaner bereits vollständig erloschen und existierte nur noch kirchenrechtlich. Von der ehemaligen Sächsischen Franziskanerprovinz hatten neben Dorsten nur fünf weitere Niederlassungen von ehemals 23 Klöstern und 30 Missionsstationen überlebt. Hatte diese Provinz im Jahr 1780 noch 870 Mitglieder besessen, zählte man beim Provinzkapitel 1843 nur noch 74 überwiegend ältere Franziskaner[153].

Ein Indiz dafür, dass trotz der staatlichen Auflagen die Ausstrahlung des Dorstener Klosters in der ersten Hälfte des 19. Jahrhunderts erhalten blieb, war die Entwicklung bei den Mitgliederzahlen des so genannten weltlichen Dritten Ordens, der Laienbewegung rund um das Kloster. Die Laienvereinigung hatte zwischen 1800 und 1819 nur drei Personen aufgenommen, so dass fraglich ist, inwiefern sie überhaupt noch existierte. Danach schnellten aber auf einmal die Mitgliederzahlen in die Höhe. Zwischen 1820 bis 1844 wurden 193 neue Mitglieder verzeichnet und alleine zwischen März und November 1845 traten 60 neue Laien bei. Bis 1850 waren es dann weitere 80 Mitglieder[154]. Das sprunghafte Anwachsen der Zahlen ist ein deutliches Indiz für das zuvor angesprochene Wiedererstarken des Katholizismus. Im Rahmen einer dieser Aufnahmewellen muss auch Joos Hinnerk Mai, der Vater des späteren Bruder Jordan, in Dorsten in den Dritten Orden eingetreten sein. Franziskaner hatte er möglicherweise dadurch kennengelernt, dass Buer zum so genannten Klosterbezirk von Dorsten gehörte. Das war das Gebiet, wo die Laienbrüder bei Gehöften terminierten, d. h. um Unterstützung des Klosters durch Naturalien bettelten[155].

Doch nach dem Wegfall der Beschränkungen der Säkularisationszeit profitierte nun auch der Erste Orden, also die Franziskaner selber, vom wiedererstarkten Katholizismus. Die Sächsische Provinz wuchs bis zum Jahr 1873 auf 362 Mitglieder an, gründete in Deutschland weitere 10 Niederlassungen und unterhielt zusätzlich fünf Häuser in den Vereinigten Staaten[156].

Es ist ein historischer Zufall, dass über das Kloster Dorsten eine andere im weiteren Verlauf des 19. Jahrhunderts bedeutende Persönlichkeit der Sächsischen Provinz in Kontakt zum Franziskanerorden kam: der spätere Provinzial Gregor Janknecht (1829–1895), der aus dem nahen Kirchhellen stammte[157].

Seine Bedeutung ist allein daran abzulesen, dass ihn seine Brüder fünf Mal zum Provinzial wählten. Seine erste Amtszeit trat er im Jahr 1855 im Alter von 26 Jahren an. Inhaltlich stand er für den inneren und äußeren Neuaufbau der Provinz. Es ging in der Ordensprovinz nicht nur darum, neue Niederlassungen für eine gestiegene Anzahl von Ordensleuten zu finden, sondern auch einen Ausgleich zwischen den noch vor der Säkularisation eingetretenen älteren, und den jungen neuen Mitbrüdern herzustellen. Gleichzeitig musste geprüft werden, was von den überkommenen Regeln aus dem 18. Jahrhundert in welcher Form in die neue Zeit übertragen werden konnte und sollte. Dabei verfolgte Janknecht eine eher stärker traditionelle – und wie die Mehrzahl der damaligen Katholiken – an der römischen Papstkirche orientierte Linie. Ganz praktisch wirkte sich diese Erneuerungsarbeit in der Neuauflage von den Zeitverhältnissen angepassten Provinzstatuten aus. Davon wird später noch zu reden sein.

Im ersten Lebensjahr von Heinrich, im Jahr 1867, begann Janknechts zweites, bis 1879 währendes Provinzialat. Es war geprägt durch den Kulturkampf. Der klugen und vorausschauenden Sorge des Provinzials war es zu verdanken, dass die Provinz nach dem Verbot der männlichen Orden in Preußen am 31. Mai 1875 weiterexistierte. Die Provinzmitglieder wichen auf verschiedene Niederlassungen in den Vereinigten Staaten von Amerika, in den Niederlanden, Belgien und in Italien aus. Ein Teil der Brüder blieb in Zivilkleidung, zum Teil nach vorgetäuschten Ordensaustritten in der Nähe der aufgehobenen Klöster wohnen; so zum Beispiel auch in Dorsten, wo die Brüder unter großer Anteilnahme der Bevölkerung im August 1875 das Kloster zuvor offiziell geräumt hatten.

Eines der so genannten „Exilklöster" in den Niederlanden war ein Haus südlich von Lichtenvoorde: das Haus Harreveld, ein Gebäude mit Garten und Park von ungefähr 10 Morgen, umgeben mit einem Wassergraben. Hinzu kamen 27 Morgen Ackerland und Wiesen[158]. Allerdings war in dieser Niederlassung an Seelsorge nicht weiter zu denken, weil das Umfeld von reformierten Christen besiedelt war. „So bestand der tägliche Dienst aus einer Messe in der Klosterkapelle und bei den nicht weit entfernt wohnenden Düsseldorfer Klarissen in ihrer Exilniederlassung Tongerlo."[159] Kurz nach dem Verbot der Orden in Preußen wurden in Harreveld schon im Jahr 1875 neue Novizen für die Provinz eingekleidet. Nachdem im Jahr 1882 dorthin auch das Kolleg von Watersleyde aus verlegt wurde, entwickelte sich diese Niederlassung, mehrfach um- und ausgebaut, endgültig zur prägenden Ausbildungsstätte des Provinznachwuchses. Auch nach dem Ende der Kulturkampfgesetzgebung blieb Harreveld als Ausbildungshaus bestehen, bis im Jahr 1909 das neue Kolleg St. Ludwig in Vlodrop eingeweiht wurde. Die Breiten- und Folgewirkung der Niederlassung in Harreveld wird durch die hohe Zahl der jungen Leute deutlich, die in diesem Haus wenigstens eine Phase der Ausbildung erlebten. Das waren insgesamt 1361 Schüler, 501 Novizen, die eintraten, um als Theologiestudenten und spätere Priester zu wirken. Hinzu kamen 636 Tertiarnovizen und 201 Brüdernovizen.

Im Rückblick wurde das Haus als „Musterkonvent" der Ordensprovinz erinnert, in dem der „Harrevelder Geist" gepflegt worden war. Janknecht, der im Anschluss an sein Provinzialat von 1879 bis 1887 dort Hausoberer war, prägte diesen Geist gemeinsam mit dem Novizenmeister P. Osmund Laumann[160]. Das Zitat eines Mitbruders gibt eine Vorstellung davon, was sich für Franziskaner in der Rückschau mit dieser Niederlassung verband:

Harreveld galt als der von ehrlicher Herbheit geprägte Ort, „wo verbannte Franziskaner sich in Armut und Demut, in ernster Arbeit und ernstem Gebet die Gnade einer glücklichen Heimkehr verdienten"[161]. Über Ursprung, Gestalt und Träger dieses Geistes wird im kommenden Kapitel zu handeln sein. Hier wird in der Folge die äußere Gestalt beziehungsweise der Verlauf des

Ordenslebens von Br. Jordan bis zum Beginn seiner Dortmunder Zeit skizziert.

Das Überschreiten der Schwelle des Hauses in Harreveld läutete den zweiten Lebensabschnitt für Heinrich Mai ein. Er meldete sich am 20. August 1895 beim Militär für die Reise nach Holland ab. Rund eine Woche später, am 28. August 1895 wurde per Urkunde sein Eintritt als Tertiarnovize in den Franziskanerorden amtlich gemacht. Bei dieser Gelegenheit erhielt er den Ordensnamen Jordan. Damit nahm er zwar den geschichtsträchtigen Namen des ersten Chronisten der Franziskaner in Deutschland an, allerdings wurden in dieser Zeit Namen vor allem nach rein pragmatischen Gesichtspunkten vergeben. Der Namenswechsel sollte den Bruch mit dem bisherigen Leben signalisieren und gleichzeitig innerhalb der Ordensprovinz eine Wiederkennbarkeit der Brüder gewährleisten. Jeden Namen durfte es nur einmal bei den Laienbrüdern und einmal bei den Priestern geben[162].

Die Ordensstruktur sah nämlich eine Zweiteilung der Gemeinschaft in Priester und (Laien-)Brüder vor. Die einen waren für priesterliche Seelsorge und/oder Bildungsarbeit vorgesehen. Die anderen waren dafür zuständig, dass der reguläre Betrieb einer mehr oder weniger großen Lebensgemeinschaft funktionierte. Das bestimmte den Ausbildungsweg und den späteren Arbeitseinsatz. Während die zum Priesteramt bestimmten Brüder einmal Noviziat machten und dann direkt das Theologiestudium aufnahmen, war für die Laienbrüder eine verlängerte Vorlaufzeit vorgesehen. Sie durchliefen zunächst ein einjähriges Noviziat, an das sich eine vierjährige Probezeit als Tertiarbrüder anschloss. Erst danach wurde von den Patres, in dem Konvent, in dem sie sich zu diesem Zeitpunkt aufhielten, abgestimmt, ob sie für das Noviziat zum ersten Orden zugelassen werden sollten. Wenn diese Ausbildungsphase mit der Einfachen Profess abgeschlossen war, begann eine dreijährige Zeit, die mit den endgültigen Gelübden endete. Erst das bedeutete die Vollmitgliedschaft bei den Franziskanern. Äußerlich wurden die verschiedenen Phasen der Ausbildung gekennzeichnet, indem erst ab dem Noviziat zum Ersten Orden eine Kapuze getragen werden durfte. Der Unterschied in der Ausbildungsdauer rechtfertigte sich dadurch, dass die Brüder mit der Perspektive auf das Priesteramt bereits vor ihrem Noviziat in der Kollegszeit ebenfalls eine verlängerte Phase des Kennenlernens absolviert hatten[163].

Die Zweiteilung der Gemeinschaft in eine Gruppe für die intellektuelle Arbeit und für die Hausarbeit war nichts Spezifisches nur für Männergemeinschaften. Relinde Meiwes hat für die weiblichen Kongregationen des 19. Jahrhunderts beschrieben, dass jene Gründerinnen, welche aus großbürgerlichen Häusern stammten, in Fortsetzung von bürgerlichen und bäuerlichen Traditionen ganz selbstverständlich Bedienstete mitbrachten, die die Hausarbeit erledigten. Das wurde später in der Gemeinschaft an Schwestern delegiert. „Anknüpfend an monastische Gepflogenheiten wurden ... Arbeiten dieser Art [Putzen, Einrichten und Kochen] später an Laien- oder Arbeitsschwestern übertragen."[164]

Meiwes These ist nun, dass innerhalb der Kongregationen „ein spezifisches Schichtungsmodell" entstand, „welches Kontinuitäten und Brüche zur bürgerlichen Welt aufwies"[165]. Gerade aber das machte die Attraktivität dieser Lebensform aus.

Es ist zu prüfen, inwieweit das auf die Männerorden übertragbar ist, erscheint aber auch hier schlüssig. Das gemeinsame äußere Erscheinungsbild nach innen und außen durch einen gemeinsamen kastanienbraunen Habit, ein einheitlicher Tagesablauf und die kollektive Ausübung religiöser Übungen hatte die Kraft „allen Mitgliedern ein Zugehörigkeits- und Gemeinschaftsgefühl" zu vermitteln[166]. Dass die Laienbrüder in keinem Fall Anteil hatten an Leitungsfunktionen und weder aktives oder passives Wahlrecht genossen, befestige gleichzeitig wie bei den Frauen eine soziale Ungleichheit, „die jedoch im zeitgenössischen Kontext keine Besonderheit darstellte"[167].

Für die Frauenkongregationen hat Relinde Meiwes gezeigt, dass es durchaus vorkam, dass Ordensmitglieder spezielle Qualifikationen und Fertigkeiten weiterentwickeln konnten, wofür sie außerhalb des Klosters niemals eine Chance gehabt hätten[168]. Bei den Laienbrüdern in der Sächsischen Franziskanerprovinz lässt sich Ähnliches beschreiben. Da gab es ebenfalls gelernte Handwerker und Künstler, deren Begabung durch die Oberen erkannt und gefördert wurde: etwa Paschalis Gratze, Cletus Schäfers, Quintillian Borren sowie Mansuetus Fromm als Baumeister, Hugo Linderath und Firminus Wickenhäuser als Bildhauer und Damascen Hahnel als Maler[169]. Wenn allerdings Laienbrüder einen Beruf gelernt hatten, der in der Gemeinschaft nicht direkt auszuüben war, wurden sie umgeschult. Es war dabei nicht unüblich, dass die Tätigkeit für Laienbrüder von Stelle zu Stelle wechselte oder gleichzeitig mehrere Aufgaben übernommen wurden[170]. Eindrücklich lässt sich das am Beispiel des späteren Dortmunder Konventsmitgliedes Jordans, Br. Adolf, beschreiben: Er trat als gelernter Küster und Organist ein, musste dann aber in den ersten Jahren den Kuhstall in Harreveld und dann die Küche in Moresnet versorgen. Erst danach wurde er als Küster und Organist in Dortmund eingesetzt[171].

Grundsätzlich schuf die Priesterweihe innerhalb der Gemeinschaft für die Laienbrüder einen unüberwindbaren Graben für die Übernahme von Leitungsämtern. Das bedeutet im Umkehrschluss jedoch nicht, dass es nicht auch unter den Laienbrüdern eine Hierarchie gegeben hätte. In jedem Arbeitsbereich hatte der „Baas" das Sagen. So entstand die akzeptierte Aufteilung in „Erster Koch" und Hilfsköche, „Erster Küster" und Hilfsküster, Obergärtner und Hilfsgärtner und vergleichbares auch in den provinzeigenen Handwerkerkolonnen aus Malern und Zimmerleuten[172].

Als gelernter Sattler, Lohgerber und Hausschlachter brachte Jordan keine Qualifikation mit, die ihn von vorne herein für eine bestimmte Tätigkeit prädestinierte. Offenbar wurde dennoch seine unkomplizierte, anpackende Art schnell geschätzt. Möglicherweise sah man ihn wegen seiner hochgewachsenen, körperlichen Statur und der Vorerfahrung als Hausschlachter als besonders gut für den Küchendienst geeignet. Das lässt sich durch eine Aussage seines Noviziatskollegen Br. Gavinus bestätigen: „Br. Jordan war von grosser, kräftiger Statur; er kam sofort in die Küche und hat dort, wie ich öfter beobachtet habe, die nicht geringen und nicht leichten Arbeiten, treu und pünktlich verrichtet."[173] So kam es in seiner Tertiarenzeit zu einer raschen Abfolge von Versetzungen in verschiedene Küchen der Ordensprovinz. Nach Beginn des Drittordensnoviziates in Harreveld wurde er schnell nach Paderborn versetzt. Dort wirkte er von Januar 1896 bis Oktober 1897, mit einer kurzen Unterbrechung für eine Reise zur Drittordensprofess in Harreveld am 30. August 1896. Dann zog er weiter nach Münster, wo er bis zum Dezember 1899 blieb. Danach war er für wenige Monate in Hardenberg-Neviges tätig, von wo aus er im Jahr 1900 nach einem kurzen zweiwöchigen Intermezzo in Dorsten zum Erstordensnoviziat nach Harreveld ging. Sein Küchenbaas und Noviziatskollege aus Harreveld, Servulus Hemmer, formulierte es so: „Er war damals in der Vollkraft seiner Jahre, ein muskulöser, kräftiger Mann."[174] Er verband das mit einer Anekdote, dass

Harreveld

sich Br. Jordan ob seines Gewichts heimlich habe wiegen wollen und angesichts von 180 Pfund auf der Waage erschreckt sei. Als das bei den Mitbrüdern herauskam, habe er die Lacher auf seiner Seite gehabt. Hinter dem Dorstener Aufenthalt verbarg sich ein Kurzurlaub in der Nähe der Familie. Er schlief nicht mehr Zuhause, sondern übernachtete im Konvent an der Lippe. Nach dem Erstordensnoviziat ging es für ihn mit einem Tag Aufenthalt in Neviges im Jahr 1901 nach Dingelstädt, wo er für sechs Jahre blieb[175].

Die Ordenstradition erinnert sich daran, dass er auf allen diesen Stationen in der Küche tätig war. Harreveld und Paderborn waren sehr große Häuser mit mehreren Dutzend Brüdern. Dort arbeitete er als Hilfskoch. Münster war im Vergleich dazu ein kleineres Haus. Hier soll er zum ersten Mal die Position des Ersten

Dingelstädt

Kochs ausgeübt haben, hätte sich aber nicht ausreichend qua-
lifiziert gefühlt. Darauf habe er darum gebeten, nochmals bei
einem erfahreneren Koch in die Lehre gehen zu dürfen. Dieser
Bitte sei stattgegeben worden und der Nevigeser Aufenthalt sei
eine Lehrzeit bei dem 20 Jahre älteren Küchenbruder Krispin
Hetkemper gewesen[176]. Dazu passt möglicherweise die Aussage
einer Nachbarin, die berichtete, dass Bruder Jordan bei seinen
Besuchen in Buer zu ihrer Mutter gekommen sei, die er „mit Tan-
te anredete, um sich – wie ich gehört habe – von ihr Rat zu holen
über Küchenangelegenheiten. Er musste wohl in der Küche beschäftigt sein. Beim Weggang freute er sich, nun seine Arbeiten
noch besser machen zu können"[177].

In Dingelstädt wurde er dann Koch für eine deutlich kleinere
Kommunität, allerdings hatte das Haus häufig Gäste und er er-

hielt bei seiner Arbeit kaum Hilfe, höchstens durch den Hausknecht[178]. Der Tätigkeit als Hauptkoch auf dem Kerbschen Berg in Dingelstädt war laut der Aussage des Pförtnerbruders Cassian Wilkens, der fünf Jahre mit ihm zusammenlebte, eine Dauer von zwei bis drei Jahren beschieden, dann machten körperliche Beschwerden, d. h. schwere Kopfschmerzen, seiner Aufgabe ein Ende und er trat in die zweite Reihe zurück. Diese Auskunft über die Zeitdauer der Küchentätigkeit steht in einer gewissen Spannung mit den Aussagen von Gottfried Keppler, der Bruder Jordan von Ostern 1905 bis ins Jahr 1906, also in der Zeit vor dem Wechsel nach Dortmund, als Koch auf dem Kerbschen Berg erlebte[179]. Aus beiden Aussagen erhält man ein etwas konkreteres Bild darüber, wie Bruder Jordan als Koch auftrat. Auf die Fragen, inwiefern der Küchenbruder aus Buer die Nächstenliebe gelebt habe, gab Br. Cassian zu Protokoll, dass Jordan bei den Brüdern beliebt war und alle mit ihm zufrieden gewesen seien. „Er suchte als Koch seinen Mitbrüdern das Beste zu bieten und alles zufrieden zu stellen." Auf die Frage, wie er zur klösterlichen Armut gestanden habe, verwies Br. Cassian darauf, dass Jordan ordnungsliebend gewesen sei und einmal in Kaltwasser eingelegte Wintereier, die sein Nachfolger in der Küche habe fast vertrocknen, lassen doch noch „vor dem Verderben gerettet" habe. Er habe den Boden in der Küche nicht mit Sand abgestreut, weil dadurch die Sandalen übermäßig abgenützt worden wären.

Seine Versetzung von Dingelstädt weg sei dann vor allem dadurch gekommen, dass „der Präses einen Bruder übrighatte und am liebsten den abgab, der keinen festen Posten hatte."

Keppler berichtete, dass Jordan außerdem die arme Gärtnersfamilie in Klosternähe im Blick behielt und dorthin abgab, was vom Essen der Brüder übrig blieb[180].

An dieser Stelle noch eine Bemerkung über die Atmosphäre unter den Brüdern: Zu den Fragen des Informativprozesses gehörte auch eine nach Bruder Jordans Demut: „47. Wie nahm er es auf, wenn man ihn gering achtete oder sich über ihn lustig machte?"[181] Das sollte dazu dienen, etwas über die Bescheidenheit und Selbstbeherrschung eines Kandidaten für die Seligsprechung herauszufinden. In Jordans Fall kam dabei heraus, dass unter den Brüdern mitunter ein heiterer Umgangston herrschte und der Ordensmann aus Buer über die kostbaren Eigenschaften von Selbstironie und Humor verfügte. Da ist von „Foppereien", „herzhaftem Lachen", „Gleichmut" sowie „großer Ruhe und Geduld" die Rede. Jordan war ausdrücklich „kein Spielverderber"[182]. Der natürliche Ort dafür war die Zeit der „Unterhaltung", im Ordensterminus „Rekreation", die zu genau geregelten Anlässen entweder beim Mittagstisch oder abends nach dem Abendessen stattfand[183]. Es ist die Frage, ob man automatisch davon ausgehen muss, dass der fromme, hochgewachsene und stille Küchenbruder wegen seiner Zurückhaltung häufiger Zielscheibe von Späßen war[184]. Es gibt einen Beleg dafür, dass Bruder Jordan, bei aller häufig dokumentierter Vorliebe für religiöse Themen, auch mal selber Anekdoten aus der Militärzeit beisteuerte[185]. Sein Küchenbaas aus frühen Dortmunder Tagen, Br. Servulus Hemmer, war Augenzeuge einer Feiertagsrekreation, auf der Jordan sehr schlagfertig die Witzeleien eines Mitbruders über seine bekannte Abstinenz beendete[186].

In die Zeit in Dingelstädt fielen noch zwei weitere markante Punkte, auf die abschließend einzugehen wichtig ist:

Am 03. September 1904 legte Jordan ganz gemäß den Vorschriften des Ordens drei Jahre nach der ersten Profess die feierliche Profeß ab und band sich damit endgültig an den Minderbrüderorden[187].

Die Professformel der damaligen Zeit lautete:

„Ich Bruder NN. gelobe und verspreche Gott, dem allmächtigen Vater, der allerseligsten Jungfrau Maria, dem heiligen Vater Franciscus, allen Heiligen und dir, Vater [Name desjenigen, der die Profess entgegennimmt] die Regel der Minderbrüder, welche vom Papste Honorius bestätigt worden [ist], die Zeit meines Lebens zu halten, in Gehorsam, ohne Eigenthum [!] und in Keuschheit zu leben."

Darauf antwortete derjenige, der die Profess entgegennahm: „Und ich verspreche dir an Gottes Statt, wenn du dieses Alles halten wirst, das ewige Leben im Namen des Vaters und des + Sohnes und des heiligen Geistes."[188]

Im Angesicht Gottes und der Heiligen alle Vorschriften zu halten, um das ewige Leben zu gewinnen. Darum ging es im Ordensleben der damaligen Zeit. Die dahinterstehende Spiritualität ist für Menschen des 21. Jahrhunderts nicht mehr selbstverständlich und sicherlich eher sperrig. Von ihr wird im nächsten Kapitel gesprochen werden.

Der letzte hier zu behandelnde Punkt ist die bereits angesprochene Begegnung Br. Jordans mit dem im Jahr 1889 geborenen Gottfried Keppler, einem jungen Mann aus dem Eichsfeld, der eine Zeit lang Franziskaner werden wollte. Eine lateinische Bemerkung in den Akten legt es nahe, dass der 16jährige Jugendliche aus für die damalige Zeit ungeordneten Verhältnissen stammte und im Konvent mitleben durfte[189]. Aus dieser gemeinsamen Zeit entstand eine längere Verbindung und von Keppler stammt für die Dingelstädter Zeit die einzige Aussage eines Nicht-Franziskaners[190].

Die Verbindung zwischen beiden überdauerte den Umzug Jordans nach Dortmund und den Wechsel Kepplers nach Kassel. Laut Aussage des damaligen Gastes wechselten beide in den rund zehn Jahren, bis die Korrespondenz während des Krieges endete, wenigstens 30 Briefe[191]. Erhalten ist allerdings nur ein einziger Brief aus dem Juli 1907, also kurz nach dem Umzug Jordans nach Dortmund. Das ist möglicherweise der zeitlich erste Brief aus der ganzen Korrespondenz[192]. Jordan ging offenbar gegenüber dem jungen Mann in die Rolle eines älteren spirituellen Ratgebers und Begleiters. Er erfuhr den Küchenbruder als einen Mann, in dessen Nähe man sich „gut geborgen" fühlen konnte[193].

An dieser Stelle soll ein eigentümliches Phänomen beschrieben werden: Jordans ganze Sorge ging dahin, den jungen Mann vor der Sünde zu warnen[194]. Dass er seinen Schützling dazu aufforderte, doch besser wieder aus dem protestantischen Kassel wegzuziehen, wurde bereits erwähnt. Zu dieser ablehnenden Einschätzung eines nicht-katholischen Umfeldes passte dann aber auch, dass sich Jordan offenbar zur Aufgabe gemacht hatte, für „die armen sündigen Menschen" zu beten, „dass sie zu Gott zurückkehren"[195]. Andererseits zeigte sich Jordan in der erhaltenen Korrespondenz sehr offen für die Berufswahl des jungen Mannes und wollte ihn zu nichts festlegen. Eine Ordensberufung als Verlassen der Welt war zwar vorstellbar, Keppler sollte aber nichts überstürzen, sondern erst einmal seine Militärzeit absolvieren und „in einem guten katholischen Geschäft als Mitglied eines frommen Jugendvereins" bleiben[196].

Bei aller Zurückhaltung gegenüber der bedrohlichen Welt, war also ein Klostereintritt keinesfalls das Allheilmittel. Außerdem ließ Jordan dem jungen Mann auch bei der Wahl des Wohnortes Raum, sonst hätten beide nicht so lange weiter korrespondiert,

Portrait

obwohl sich Keppler schließlich für eine Beamtenlaufbahn in Kassel entschied. Er war im Jahr 1936, als er seine Zeugenaussage machte, Regierungsinspektor beim Hauptversorgungsamt Kassel[197].

Gleichwohl muss festgestellt werden: Bruder Jordan Mai hatte eine starke Neigung, andere Menschen in geistlichen Belangen zu unterstützen. Das wird im weiteren Verlauf noch deutlicher werden.

Vorher muss allerdings darauf geschaut werden, welcher Art die geistlichen Überzeugungen des Bruder Jordan Mai waren.

Kapitel 5
Der „Weg zum Himmel" in der Spiritualität des 19. Jahrhunderts

Ein Aspekt in der Persönlichkeit von Bruder Jordan ist bisher immer wieder eher am Rande berührt worden, war aber zentral für alle, die ihn kennenlernten: Der Handwerker aus Buer und spätere Ordensmann wurde als ein Beter und frommer Mann erlebt. Welcher Art war seine Frömmigkeit?

Vor Antworten auf diese Frage sei ein grundsätzlicher Gedanke vorgeschoben: (Auch) in Glaubensdingen haben andere Zeiten auch andere Plausibilitäten. Für die Nachgeborenen kann ein religiöser Gedanke zwar logisch nachvollziehbar sein, doch entfaltet er später bei weitem nicht mehr die zwingende Kraft, die er einmal besaß. So kann ein Glaubenssatz vom Kopf her verstanden werden, ist aber dennoch nicht (mehr) überzeugend! Zum Beispiel: Die aus einer ständisch geordneten Weltsicht heraus plausible Rechtfertigungslehre des Hochmittelalters kann ein Mensch des 21. Jahrhunderts zwar in ihrer damaligen Stimmigkeit erfassen, doch wird er wohl kaum Trost in dem Gedanken finden, dass Jesus als der Sohn ihn am Kreuz für Gott Vater satisfaktionsfähig gemacht hat und dadurch der gestörte „ordo" wieder hergestellt werden kann[198].

Bruder Jordan Mai war ein Mensch des überlangen 19. Jahrhunderts. Die spirituelle Welt, aus der er stammte, wurde vor den zwei Weltkriegen, den Umbrüchen in den 60er Jahren des 20. Jahrhunderts und der digitalen Revolution grundgelegt. Möglicherweise versteht man seine Geistigkeit sogar am besten, wenn man seine Frömmigkeit als den geistlichen Bewältigungsversuch eines spirituellen Epochenumbruchs zu begreifen versucht?

Folgende Quellen zur Beschreibung seiner Frömmigkeit stehen zur Verfügung: Der Katechismus von Bernhard Overberg, das franziskanische Brüdergebetbuch „Der Weg zum Himmel", die Zeugenaussagen im Informativprozess und die Briefe, die Jordan Mai im Zeitraum von 1907 bis 1921 geschrieben hat. Belegt ist weiter, dass er geistliche Autorinnen und Autoren las. Im Jahr 1908 hatte er die Schriften der seligen Margareta Maria Alacoque (1647–1690) entdeckt[199]. Er erwähnt in seinen Briefen die hl. Mechthild von Magdeburg (1207–1282), Mechthild von Hackeborn (1241–1299) und Maria von Agreda (1602–1665)[200]. Deren Offenbarung las er laut einer Zeugin sehr gerne[201]. Ein direkter Bezug lässt sich finden auf die Karmelitin Maria vom hl. Petrus (1816–1884)[202]. Jordan schrieb selbst, dass er in den Schriften der hl. Gertrud von Helfta (1265–1301/1302) über das Thema der Demut Mariens geforscht habe. Im selben Brief bezog er sich auch auf die Ordensgründerin Franziska Romana (1384–1440)[203].

Zeugen im Informativprozess belegen bei ihm zusätzlich die Lektüre von Heiligenleben von Alban Stolz (1808–1883), Missionszeitschriften[204] und des Marianum von Georg Ott (1808–1885)[205].

Über Overbergs Katechismus und seine prägende Wirkung auf die Familie Mai wurde bereits oben eingegangen. Der kleine Heinrich hatte eine Frömmigkeit erlernt, in der es darauf ankam, die klar geordneten Satzungen und Gebote möglichst treu zu erfüllen. Dieser Grundauffassung blieb er ein Leben lang treu. Was waren das für Gebote und Satzungen?

Bei Overberg war im vierten Abschnitt unter der Überschrift „Von der Gnade Gottes und den Gnadenmitteln" das Handeln Gottes und das Verhalten der Gläubigen verständlich aufgeschlüsselt[206]. Grundsätzlich war der Vorrang der göttlichen Gnade vor menschlichem Tun deutlich. Obwohl aber Gottes Gnade als unersetzlich anerkannt war, blieb menschliche Mitwirkung unerlässlich: An der Wirkung der Gnade wurde mitgearbeitet, „wenn wir der Erleuchtung und Erweckung derselben gleich und standhaft folgen, wie auch die Gelegenheiten dazu schnell ergreifen, und die uns von Gott verliehenen Kräfte recht gebrauchen"[207].

Die Vorstellungswelt dessen, was mit Gnade eigentlich gemeint war, wurde substantiell gedacht. Gnade konnte vermehrt oder vermindert werden. So war im Katechismus auf die Frage: „Was geschieht, wenn wir uns durch treue Mitwirkung für die empfangene Gnade recht dankbar erweisen?" geantwortet: „So vermehrt Gott uns dieselbe; im Gegentheile [!] verlieren wir dieselbe immer mehr, wenn wir dafür undankbar sind."[208]

Diese Frömmigkeit war geprägt durch eine große Skepsis gegenüber den menschlichen Möglichkeiten. Insofern existierte eine große Sorge, Gott durch das eigene Tun oder Lassen zu „beleidigen". Ein weiterer Schlüsselbegriff drehte sich um das Wortfeld „Opfer" und „aufopfern". Die Menschen sollten Gott aus Dankbarkeit für das Erlösungswerk lieben. Liebe wurde aber in Overbergs Katechismus vor allem als ein passives Tun definiert, bei dem vor allem aufgeopfert werden sollte: „Wenn ich aus Achtung gegen Gott wirklich etwas mir Liebes fahren lasse, verliere, oder etwas leide, um ihm zu gefallen, oder um Ihn nicht zu beleidigen. Das nennt man auch wohl mit einem Worte: Gott ein Opfer der Liebe bringen."[209] Jordan teilte diese pessimistische Sicht auf die Menschen. Im Brief an seine leibliche Schwester, die Ordensfrau Maria Olivia schrieb er: „Aber bei uns ist dieses [geistliche

Trockenheit] meistens eigene Schuld. Wir haben uns noch nicht genug vom Irdischen getrennt; der Heiland will unser ganzes Herz."[210] Eine Zeugin sagte über Jordan wörtlich: „Der Gedanke an schwere Beleidigung Gottes war ihm etwas Furchtbares."[211]

Umgesetzt wurde christliches Leben gemäß den Vorschriften über die göttlichen Tugenden und der zehn Gebote. Dabei galten das Gebet und der Empfang der Sakramente als wesentlich. Als gutes Gebet war definiert: „In dem Bestreben oder Kampfe sein Herz und Gemüth [!] vom irdischen wegzuwenden, und es zu Gott zu kehren und diesem anzuhangen. Wenn dieses Streben oder Kämpfen auf irgend eine Art geschieht, so betet man."[212] Die Sakramente sollten angesehen werden als die „Canäle" [!], durch „welche uns die Verdienste des Blutes Christi zufließen"[213]. Auch Jordan Mai war fest davon überzeugt und betrachtete die Lebenszeit als eine Gelegenheit, „Verdienste zu erwerben"[214].

Ordensleben galt nun in dieser Zeit als der leichtere Weg, Verdienste zu erwerben und in den Himmel zu kommen. An seinen Bruder und seine Schwägerin schrieb Jordan: „Man kann zwar in der Welt auch in den Himmel kommen, aber im Kloster ist es doch viel leichter und sicherer, und man kommt auch wohl höher."[215] Ganz praktisch war der Weg in den Himmel in einem Klosterleben gangbarer, weil einen die Gemeinschaft wirtschaftlich absicherte und viele Alltagsprobleme ersparte. Der dadurch entstehende Freiraum war dazu gedacht, „heilig" zu werden. An seine Nichte Anna schrieb Jordan in diesem Sinne: „Während nun der Orden in der liebevollsten Weise für unsere zeitlichen Bedürfnisse sorgt, so haben auch wir wieder heiligste Pflicht, dem Orden in unserer Person einen Heiligen zu schenken. Das tun wir, wenn wir gewissenhaft die Regeln und Statuten beobachten, die der betreffende Orden vorschreibt."[216]

Innenraum Kirche Dortmund

Denn im Prinzip wurde beim Eintritt in den Franziskanerorden die Vorstellung eines streng an Satzungen orientierten Lebens nur noch intensiviert. Es trat zu den bisher schon gültigen Verpflichtungen die Aussagen der Ordensregel hinzu. Die Ablegung der Ordensgelübde galt als eine Erneuerung der Taufgnade, die sogar bei jeder Gelübdeerneuerung wiederholbar war. Jordan vollzog das für sich anlässlich jeden Kommunionempfangs.[217]

Bei aller Selbstheiligung galt gleichzeitig auch die Überzeugung, dass alleine durch ein frommes Ordensleben ein wichtiger Beitrag für Welt und Kirche geleistet wurde. Angesichts der bedrohlichen politischen Lage in Dortmund im Jahr 1921 schrieb Jordan an seine Nichte und Ordensfrau: „Als einstmals zu Zeiten unseres heiligen Vaters Franziskus die Menschheit auch so bedrängt war und unser heiliger Vater wissen wollte, was er dafür tun sollte, wurde ihm geoffenbart, er solle nur sorgen, daß in seinem Orden die Regel treu gehalten würde. ... So ist es ja auch. Wenn wir fleißig beten und unsere Berufspflichten treu erfüllen, so können wir am besten für die Menschheit sorgen."[218]

Die Verpflichtung auf die Franziskusregel beinhaltete ein anspruchsvolles Programm. Deshalb bekamen die Laienbrüder als Anleitung für ihr Ordensleben eine Handreichung, einen „unerlässlichen Begleiter": Das Brüdergebetbuch „Der Weg zum Himmel. Gebetbuch für die Minderbrüder des heiligen Franziskus."[219] Bezeichnenderweise war dem 612 Seiten umfassenden Buch nach einem Einleitungsgebet ein Teil vorangestellt, in dem zunächst die Franziskusregel, das Testament des hl. Franziskus und ihre Auslegung vorgestellt wurden. Die Auslegung erfolgte gemäß der Regelerklärung der Päpste Nikolaus III. und Klemens V. Dahinter verbarg sich die mittelalterliche Lösung der schweren Konflikte der Anfangszeit im Minderbrüderorden über die Frage, ob die Franziskusregel wörtlich zu befolgen sei. Die über Jahrhunderte praktizierte Lösung sah so aus, dass die Franziskusregel in mehr oder weniger verbindliche Gebote und zu respektierende Verbote unterschiedlichen Schweregrads systematisiert worden war. Insofern fand Br. Jordan in seinem Gebetbuch eine Aufstellung über „alles desjenigen, was in unserer heiligen Regel enthalten ist". Das waren „Die drei Haupt- und wesentlichen Gelübde", „Die sieben formellen und eigentlichen Gebote", „Die zwei verbietenden Gebote", „Die vier Kraft habenden Gebote", „Die zwölf gleichgeltenden Gebote", „Die zwölf Ermahnungen zum Guten", „Die sechs Abmahnungen vom Bösen", „Die sechs Freiheiten". Dann gab es da noch Bemerkungen über die Ordensaufnahme und „Bemerkungen zum Testament unsers heiligen Vaters Franziskus"[220]. Dass diese Verpflichtungen ernst genommen wurden, zeigte sich auch im Informativprozess. Denn da wurden die Zeugen aus dem Franziskanerorden in der Frage

Nr. 11a. anhand der jeweiligen Kapitelüberschriften über die Befolgung der Regel durch Bruder Jordan befragt[221].

Jordan Mai wurde auf der Grundlage dieser eher formalen Sicht der Franziskusregel während seiner Ausbildung noch in eine spezielle geistliche Lesart eingeführt. Gregor Janknecht hatte während seines Provinzialates bei der Erneuerung der Gesetzgebung an die Statuten des 18. Jahrhunderts angeknüpft. Diese Statuten waren inspiriert von einer Reformbewegung innerhalb des Ordens, den so genannten „Rekollekten". Diese Richtung hatte den Schwerpunkt im franziskanischen Ordensleben auf innere Sammlung gelegt. Diese Ausrichtung wurde bei Janknecht beibehalten, aber im Sinne einer Frömmigkeit des 19. Jahrhunderts. Verstärkt wurde das im Rahmen der Ausbildung im entlegenen Harrevelder Exil, wo an Pastoral und Predigt nicht zu denken war. Die Erfahrung des so genannten „Harrevelder Geistes" dürfte insofern vor allem ein Leben gewesen sein, in dem alle miteinander den Eindruck teilten, tatsächlich gemäß der Ordensregel des hl. Franziskus zu leben.

Für diese These spricht eine Aussage im Artikel über die Geschichte des seraphischen Kollegs der Saxonia durch Didymus Hildebrand. Der Franziskaner schrieb rückblickend über die Ausbildung in Harreveld durch Gregor Janknecht und Osmund Laumann in Anlehnung an das 5. und 10. Kapitel der Franziskusregel[222]:

Beide ergänzten sich in der Prägung des Hauses, „so daß ein durchaus einheitlicher Zug in der Erziehung und Leitung in die Augen springt. Der Geist der Andacht und des Gebetes, der Geist der Innerlichkeit und Weltabgeschiedenheit, der Geist der Demut, Armut und des Gehorsams, kurz der echte Franziskusgeist lag ausgebreitet über dem ganzen Haus. Und in diesem Geist wuchsen sozusagen von selbst hinein alle die vielen, die kamen und Einlaß begehrten, seien es Brüderkandidaten oder Klerikernovizen oder Schüler für das Seraphische Kolleg"[223].

Als Träger dieses Geistes von Harreveld galten der sächsischen Provinztradition vor allem die in Harreveld tätigen Laienbrüder: Br. Sebastian Panofen, Br. Wolfgang Meschede, Br. Benno Zumbusch. In Harreveld waren sie „wachsam[e] Hüter der besten Überlieferungen der Provinz vom heiligen Kreuz"[224]. Neben ihnen galten noch Br. Friedolin Soeckeland und Br. Didakus als „Verkörperung des Franziskusgeistes", an denen der spätere Mitbewohner Jordans in Dortmund, P. Athanasius Bierbaum, als ehemaliger Novize „den Geist des Gebetes, der Betrachtung und des Wandels in Gott" bewundert hatte[225].

Dass Br. Jordan dieses Konzept von Ordensspiritualität übernahm, wird schon in seinen Briefen ganz deutlich. Bei P. Alois findet sich zusätzlich noch der Verweis auf eine Aufstellung einfacher Faustregeln für das Ordensleben, die Jordan seiner Nichte, Sr. Sebaldis, auf einem Blatt anvertraut hatte. Diese Regeln lagen während des Informativprozesses aber noch nicht vor[226].

In den Zeugenaussagen aus dem Informativprozess wurde mehrfach Jordans auffälliger Ernst bei der Beobachtung der Ordensregel festgestellt. Die ehemalige Oberin des Hüttenspitals in Dortmund, die Vinzentinerin Sr. Getrudis, kannte Jordan vom Terminieren im Hospital während des Ersten Weltkriegs. Sie war eine gestandene Krankenschwester, die nach eigenem Bekunden in 30 Jahren Krankenpflege viele Menschen „auch Nervenkranke, Irrsinnige und andere Psychopathen" erlebt hatte. Auf die Frage, ob sie Jordan für beschränkt oder harmlos gehalten habe, antwortete sie: „Br. Jordan war nicht anormal. Sein stilles, einfältiges Wesen ist vielleicht darauf zurückzuführen, dass er es sehr ernst und schwer mit seiner Ordensregel nahm."[227]

Der spätere P. Vitus Kaufmann stammte aus Dortmund und war während des Krieges Ministrant im Kloster. Gelegentlich half er im Garten. Er erinnerte sich an eine Episode, die sich auch als praktische Regelobservanz des vierten Kapitels der Franziskusregel lesen lässt; da geht es um das Verbot der Geldannahme. Der Jugendliche sollte einmal Br. Jordan an seinem Namenstag einen fünf-Mark-Schein schenken. Dazu kam es aber nicht, weil der fromme Bruder den Schein nicht einmal berühren wollte und ihn immer wieder auf den Boden fallen ließ. Schließlich bestimmte er, dass der Schein an die Pforte gebracht werden sollte – mit dem Beisatz, dass es für die Küsterei sei[228]. Dieses Verhalten orientierte sich ganz offensichtlich am zweiten der sieben formellen und eigentlichen Gebote: „Die Brüder sollen auf keine Weise Pfennige oder Geld empfangen."[229]

Diese Frömmigkeit war im Vollzug sehr konkret. Es war klar geregelt, was zu tun und was zu lassen war. Auch die Vorschriften der Franziskusregel zum Gebet wurden wörtlich genommen. Dort war im dritten Kapitel festgelegt, dass die Laien statt des römischen Breviers ein bestimmtes Pensum an Vater Unser und Ehre sei dem Vater für jede Gebetszeit zu beten hätten. So summierte sich das tägliche Gebet auf 76 Vater Unser[230]. Bevor unter Pius X. die tägliche Kommunion eingeführt wurde, waren die Laienbrüder im Franziskanerorden, sofern sie nicht ministrierten, zwar in der täglichen Eucharistiefeier anwesend, beteten aber vor allem Vater Unser und Andachtsteile aus ihrem Gebetbuch oder den Rosenkranz.

Als liturgische Andachten fanden sich im „Weg zum Himmel": Morgenandacht (S. 43–62), Beichtandacht (S. 63–108), Messandachten (S. 109–138), Kommunionandacht (S. 139–175), Andacht zum hochwürdigsten Altar-Sakrament (S. 176–189), Andacht zum allerheiligsten Herzen Jesu (S. 190–212), Andachten für jeden Tag der Woche (S. 213–328), Andachten zu verschiedenen Heiligen (S. 329–373). In einem umfangreichen Teil ging es um Andachten, die sich mit der Vorbereitung auf den Tod und den Umgang damit beschäftigten (S. 374–421). Das Buch schloss mit einem Teil über Abendgebete (S. 422–436) und einem Anhang, der Informationen über die Weise zu beten vermitteln sollte (S. 437–606). Bestätigt werden kann das durch folgende spätere Aussage: „Für die Heilige Messe, die den Brüdern vor den Zeiten der täglichen Kommunion meist nicht die wirkliche Teilnahme am Opfermahl gestattete, galt der Weg durch die blutige Passion als der selbstverständliche Betrachtungsstoff"[231].

Bruder Jordan war noch in diesem Sinne im Noviziat geschult worden, aus seinen Briefen lässt sich allerdings ablesen, dass er im Jahr 1908 den täglichen Kommunionempfang voraussetzte. Dabei griff er aber immer noch zur Vor- und Nachbereitung weiterhin auf die Andachtsteile im „Weg zum Himmel" zurück[232]. In diesem Sinne erklärt sich auch seine Mitteilung, dass er anlässlich der Fastenpredigt eines Mitbruders einfach noch während der Predigt damit begann, die Lauretanische Litanei zu beten[233].

Auf dieser geistlichen Grundlage setzte Jordan etwas fort, das ihn bereits in Buer ausgemacht hatte: Er betätige sich als praktischer Ratgeber in Gebetsfragen. Er tauschte sich mit seiner Schwester darüber aus, was ihm half und gab Menschen aus der Dortmunder Pfarrei Ratschläge für Gebete[234].

Dabei fällt seine konkrete, bildhafte, an monarchischen Vorstellungen orientierte Bildwelt auf. Den Ordenseintritt seiner Nichte Elisabeth wertet er als Erwählung in den „Hofstaat" Gottes[235],

Skulptur St. Urbanus

Maria, die Mutter Jesu, war für ihn Königin[236], die im Himmel gekrönt wurde[237]. Jordans Vorstellung einer königlichen Würde Mariens schloss jedoch keineswegs aus, dass sie um die Belastungen der Menschen wusste. „Wenn nun Maria in der Litanei als die Königin der Engel, Patriarchen, Propheten usw. genannt wird, so sind diese schon alle im Himmel. Maria will aber auch die Königin der Menschen auf Erden sein, und zwar mit noch größerer Liebe und größerem Verlangen als die Königin derer, die schon im Himmel sind. Die Menschen sind noch auf dem Kampfplatze und müssen zum Gutestun Gewalt anwenden, was die Engel und Heiligen schon von selbst tun."[238] Mehrere Zeugen im Prozess betonen es als eine Eigenart Jordans, dass er sich dafür stark gemacht habe, in die Lauretanische Litanei die Demut Mariens aufnehmen zu lassen[239]. Anknüpfungspunkt für dieses

Thema war für ihn laut Zeugenaussage der Ordensfrau Festina Stiegen die Verkündigung Mariens, sein Lieblingsfest[240].

Was schließlich bei Bruder Jordan immer mitschwang, war eine ganz ausgeprägte Herz-Jesu-Frömmigkeit. Elf von 18 seiner erhaltenen Briefe schlossen mit der Formel „Im heiligen Herzen Jesu und Mariä und in gegenseitigem Gebete verbleibe ich ....".

Die Herz-Jesu-Frömmigkeit stammte nicht ursprünglich aus dem 19. Jahrhundert, erlebte aber in der Zeit ab der Seligsprechung von Margarete Maria Alacoque im Jahr 1864 bis zum Ende des Ersten Weltkrieges eine Hochblüte[241]. Grundsätzlich gelten die Jesuiten als Hauptträger der Herz-Jesu-Verehrung. Allerdings waren es Franziskaner der Sächsischen Franziskanerprovinz, die durch eine Volksmission in Prustenfelde im Erzbistum Paderborn den Anstoß zur Gründung einer ersten Herz-Jesu-Bruderschaft gaben[242]. Als im Jahr 1865 der von den Jesuiten herausgegebene „Sendbote des göttlichen Herzens Jesu" die Apostolatsbeitritte des vergangenen Jahres auflistete, führte er für Westfalen sämtliche Konvente der Sächsischen Franziskanerprovinz auf[243]. Provinzial Gregor Janknecht war ein großer Herz-Jesu-Verehrer. Schon in seinem ersten Rundschreiben als Provinzial im Jahr 1855 hatte er geschrieben: „Woher werden wir die uns beiderseits nöthigen [!] Tugenden nehmen? Woher anders, als aus dem göttlichen Herzen unseres anbetungswürdigen Erlösers."[244]

Den „Exils-Konvent" in Harreveld stellte er ab 1875 unter das Patronat des Heiligsten Herzen Jesu[245]. Dort war auf jede Zellentür ein Herz gemalt und der Spruch geschrieben: „Sta! Cor Jesu mecum est – Fiat voluntas tua! (Halt an! Das Herz Jesu ist mit mir – Dein Wille geschehe!"[246] Möglicherweise kannte Jordan auch schon die „eindrucksvolle Marmorstatue" des Künstlerbruders Hugo Linderath in der Kirche? Im „Weg zum „Himmel" fand jeder Laienbruder eine Andacht zum Herzen Jesu, die dazu diente, Gott „unsere Liebe an den Tag zu legen und, so viel möglich, die Beleidigungen und Mißhandlungen wieder gut zu machen, welche ihm überhaupt von allen Ungläubigen und Sündern, insbesondere von den Christen zugefügt werden, welche das hochheilige Sakrament des Altares unwürdig empfangen oder sonst durch Unehrbietigkeit entehren".[247]

Es ist nicht auszuschließen, dass Jordan bereits in Buer im Rahmen der Marianischen Sodalität mit Herz-Jesu-Frömmigkeit umgegangen war. Seine sieben Jahre jüngere Nachbarin und spätere Ordensfrau Sr. Leontina erinnerte einen im Dorf, möglicherweise auch schmunzelnd, geäußerten Satz über die Frömmigkeit bei den Brüdern Mai: „Die sind bald soweit wie ein hl. Aloisius." Für Heinrich Mai habe jedenfalls gegolten: „Seine grosse Liebe zu Gott und zur allerseligsten Jungfrau war schon zu meiner Schulzeit allgemein bekannt."[248] Mit seinem Ordenseintritt betrat er jedenfalls eine Atmosphäre, die von Herz-Jesu-Frömmigkeit geradezu gesättigt war. Dabei erscheint er zunächst im Großen und Ganzen als durchschnittlicher Rezipient der damaligen Frömmigkeitsformen[249]. Er beteiligte sich am Verteilen von Bildern, Gebetstexten und Medaillen, wie das in dieser Zeit durchaus üblich war. Es darf darüber als vorausgesetzt werden, dass er die besonderen Herz-Jesu-Feiern im Jahreskreis mittvollzog[250].

Ihn zeichnete darin allerdings eine große Leidenschaft aus. Ein Mitbruder erinnerte im Prozess folgende Szene im Anschluss an einen Austausch über geistliche Fragen: „Einmal, als ich mich von ihm verabschiedete nach solcher Unterredung, stellte er sich vor mich hin und mit vor Begeisterung glühenden Augen sprach er die Worte: ‚Wenn wir nicht den Anschluss an das Göttliche

Herz Jesu finden, wird es uns nicht gut ergehen.'"[251] Zu dieser
Inbrunst passte, dass er dazu neigte, in seinen Ansichten „alles,
was in approbierten Büchern stand, gleich als Glaubenssatz anzusehen".

Daraus folgte, dass sich Br. Jordan zwar nichts daraus machte, wenn er selber mal Gegenstand mehr oder minder wohl ge-
meinten Spotts wurde, aber sehr heftig reagierte, „wenn man
auch nur zum Scherze Dinge, die mit dem Glauben irgendwie in Verbindung standen kritisierte"[252]. Der spätere Novizenmeister Ewald Albermann ordnete dieses Verhalten in einen größeren Kontext ein: „Es war die Zeit des abklingenden
Modernismus."[253] Papst Pius X. hatte im Jahr 1907 in seiner
Enzyklika „Pascendi gregis" dazu aufgerufen, die Reihen der
katholischen Kirche gegen moderne geistige Irrtümer, hinter
denen er ein geschlossenes denkerisches System und eine feste
Gruppe vermutete, zu schließen. In der deutschen Kirche ver-
fochten die Bischöfe und die Vertreter des Verbandskatholizis-
mus allerdings die Linie, dass es das in den deutschen Diözesen
praktisch nicht gebe[254].

Mit dieser Glaubensenergie übte er eine ausgeprägte Verehrung
der Eucharistie im Tabernakel, das heißt in der Diktion ganz vieler Zeugen, des „Allerheiligsten Altarsakramentes"[255]. Zum Stan-
dardrepertoire der Herz-Jesu-Andachten gehörte der Segen mit
oder vor dem Allerheiligsten in der Monstranz[256]. Bei Bruder Jordan entkoppelte sich das Gebet von der gemeinsam gefeierten
Andacht und verstetigte sich zu langen Verweilzeiten vor dem
Tabernakel. Das konnte sich bis in die Nachtstunden hinziehen.
Das Andachtsbuch verwendete er dabei nicht[257].

Wann er genau damit begonnen hatte, ist nicht exakt bestimmbar. Schon in Paderborn „pflegte er länger abends zu beten als

die übrigen"[258]. Für die Noviziatszeit in Harreveld ist eine von einigen Franziskanern gewissermaßen „privat organisierte" nächtliche Anbetung in der Nacht von Donnerstag auf Freitag belegt, an der Jordan teilnahm. Laut beeideter Aussage ging es dann auch um die Anliegen der Bergarbeiter[259]. Für Dingelstädt bezeugt Gottfried Keppler, dass Jordan vor den Feiertagen „Nächte hindurch in der Kirche" blieb und betete[260]. Aus seiner Aussage lässt sich auch am direktesten ableiten, was sich für den Küchenbruder damit verband. Keppler zitierte den von ihm geschätzten Franziskaner so: „Ich muss beten für die armen sündigen Menschen, dass sie zu Gott zurückkehren."[261] Dem jungen Mann hatte sich dabei in der Erinnerung die Feinfühligkeit Jordans eingeprägt: Einmal, als er selber nach einer Primiz vom Wein leicht angeheitert war und Jordan darüber vor Erregung in Tränen ausbrach. Dann aber auch, wenn Jordan Meldungen über „Schlechtigkeiten" in der Zeitung zum Anlass für sein Gebet nahm[262].

Das deckt sich mit der Aussage von Sr. Festina Stiegen, die während des Krieges mit Br. Jordan in der Küche arbeitete: „Das Gebet für die Armen Seelen und das sühnende Gebet für die armen Sünder verrichtete er am liebsten."[263]

Aus diesen Äußerungen lässt sich ableiten, dass es sich Br. Jordan zur Aufgabe gemacht hatte, im Gebet stellvertretend für Menschen da zu sein, die nicht den Geboten Gottes entsprechend lebten. Sein bevorzugter Ort dafür war vor dem Tabernakel. Für ihn war es ausgemachte Sache, dass jemand, der nicht gottgefällig lebte, Schaden an seiner ewigen Seele nahm. So hatte er es ja schließlich selber vermittelt bekommen. Und deshalb sah er seine Aufgabe darin, hier bis zur Erschöpfung durch sein Gebet Ersatz dafür zu leisten. Br. Marzellus Baumgarten sagte aus: „Er hat wohl zur Sühne halbe Nächte betend vor dem Allerheiligsten gewacht."[264]

Für seine Frömmigkeitspraxis war ein im nächsten Kapitel noch gesondert zu erörternder Punkt, dass ihm mit der Zeit, gerade auch in Dortmund, die Rolle eines gesuchten Gebetsbegleiters von Seelsorgern des Konventes und Gemeindemitgliedern zuwuchs[265].

Aktuell wird die Herz-Jesu-Frömmigkeit und ihre Tauglichkeit für die Gegenwart neu diskutiert. Dabei spielt auf der Grundlage ihrer Erforschung durch Norbert Busch ihre nationale und nationalistische Verfärbung während des Ersten Weltkriegs eine bedeutende Rolle, aber auch die unterschiedlichen Bewertungen ihres unbestreitbaren Mobilisierungspotenzials als klerikalistisch oder pastoral motiviert für die Katholiken[266]. Bei Bruder Jordan fehlt nationales oder „ultramontanes" Pathos. Er erscheint eher als ein Mensch, der versuchte, mit den ihm zur Verfügung stehenden Frömmigkeitsformen das zu verarbeiten, was er in seinem Leben bisher erlebt hatte und was um ihn herum geschah. Das gab ihm letztlich Zuversicht und Trost in schwierigen Zeiten. Außerdem sah er darin einen wesentlichen Beitrag für die Menschen in seiner Zeit. Möglicherweise durchlief er dabei einen Reifungsprozess, den er auch selber wahrnahm. Sein Mitnovize und späterer Küchenbaas in Dortmund, Servulus Hemmer, erinnert sich an den Ausspruch Jordans über die Zeit in Dingelstädt: „In Dingelstädt hat mich die Gnade Gottes getroffen. Wer weiss, was sonst aus mir geworden wäre."[267]

Mit seinen eigenen Worten bekundete er am Ende des Jahres 1918, dass er persönlich bei der Übung der Herz-Jesu-Frömmigkeit Erfüllung fand. In seinem Brief an seine Schwester verwendete er die klassische Vokabel spiritueller Erfahrung göttlicher Gegenwart: Trost! Er schrieb: „Die Tröstungen der Gnade, wenn ich sie so nennen darf, kommen und gehen, ohne daß ich es vorher wüsste. Öfters habe ich sie schon morgens während der Betrachtung, manchmal schon vor der heiligen Kommunion. Dann auch wieder während oder nach der heiligen Kommunion."[268]

Es war diese Erfahrung, die ihm eine Zuversicht auch in schwierigen Lagen verlieh. So schrieb er im Jahr vor seinem Tod, unter dem Eindruck von schwerer Krankheit und unmittelbar nach den für das Dortmunder Kloster einigermaßen aufregend verlaufenen Märztagen 1921, von denen später noch zu sprechen sein wird: „Wenn wir es ehrlich und redlich meinen mit unserem Seelenheil und unsere Ordensregel und -Satzungen [!] treu und gewissenhaft halten, so werden wir sicher eine gute Sterbestunde haben. Und darauf kommt doch am Ende alles an. ... Es sagte einmal ein Pater in der Konferenz, es wäre ausgeschlossen, daß der liebe Gott einen Menschen, der sein ganzes Leben lang ihm treu gedient hat, noch am Ende seines Lebens in eine Todsünde fallen und ihn verloren gehen ließe."[269]

Kapitel 6
Die Dortmunder Jahre

Jordan Mai und Dortmund verbindet viel. Von den 27 Jahren seines Ordenslebens verbrachte der Küchenbruder mit 15 Jahren davon über die Hälfte im Kloster in der Stadt der Schlote. In Dortmund fand er sein Grab und von hier aus nahm die Verehrung für ihn seinen Ausgang. Sein Aufenthalt hier gliederte sich dabei selber nochmals in bestimmte Phasen: Es waren die sieben Jahre zwischen dem Umzug von Dingelstädt und dem Ausbruch des Ersten Weltkriegs, die vier Kriegsjahre und die drei Jahre der großen Nachkriegsturbulenzen, an deren Ende sein Tod steht. In diesem Kapitel soll es vor allem um die Zeit bis zum Ende des Krieges gehen.

Der Weg vom eher beschaulichen Kerbschen Berg ins östliche Ruhrgebiet war für Jordan in gewisser Weise eine Rückkehr in die Zeitumstände und Prozesse, die er beim Eintritt ins Kloster hinter sich gelassen hatte[270]. In Dortmund hatte sich mit leichtem zeitlichen Vorsprung dieselbe Geschichte wie in Buer ereignet. Markant für die Industrialisierung der Stadt waren hier gewesen der frühe Anschluss an die Eisenbahnlinien Köln-Minden (1847) sowie an die Bergisch-Märkische Bahn (1848) und die Gründung des „Hoerder Bergwerks- und Hütten-Vereins" mit dem „bedeutendsten Eisenwerk in Rheinland und Westfalen", wo 1854 die „ersten modernen Hochöfen in Westfalen angeblasen" worden waren[271]. Die Stadt hatte über den Gründerkrach des Jahres 1873 bereits die Schattenseiten der Industrialisierung voll gekostet. Trotz rasantem Bevölkerungswachstum von 4.200 Menschen im Jahr 1812 hin zu damals rund 50.000 Bewohnern wurde erst im Jahr 1875 ein städtischer Bebauungsplan verabschiedet, was zu zum Teil unhaltbaren Wohnverhältnissen und strukturellen Grundentscheidungen bis in die Gegenwart geführt hatte: nicht zuletzt die Zweiteilung der Stadt in Innenstadt und Norden durch die Eisenbahntrasse. Neben die Bereiche Stahl und Kohle und den angegliederten weiterverarbeitenden Industrien trat in der zweiten Hälfte des 19. Jahrhunderts das industrialisierte Brauereiwesen. Ab den 1890er Jahren setzte dann wegen der Arbeitsplatzmöglichkeiten der „größte Zustrom an Zuwanderern aus den preußischen Ostprovinzen" ein, der bis zum Kriegsausbruch anhielt. Damit spielte sich im Vergleich zu Buer spiegelverkehrt die Veränderung der konfessionellen Landkarte ab. Seit der Reformation war Dortmund schwerpunktmäßig evangelisch geprägt, wenngleich noch versprengte katholische Reste geblieben waren. Jetzt wanderten aber vor allem Katholiken, hauptsächlich polnischer Zunge, zu. Für das Jahr 1910 sind folgende Zahlen über den Bevölkerungsanteil polnischer Einwanderer belegt: im Landkreis Dortmund mit den nördlichen Stadtteilen lag der Anteil der polnischen Zuwanderer mit 12.024 bei 12,2 %, in Dortmund Stadt mit 9.722 bei 4,5 % in Hörde Stadt mit 1.466 bei 2,1 %[272]. Die Situation der Polen war besonders dadurch bestimmt, dass zu diesem Zeitpunkt kein polnischer Nationalstaat existierte. Damit luden sich die polnische Muttersprache und die katholische Konfession als primäre landsmannschaftliche Identifikationsmerkmale auf: Gleichzeitig verfolgte aber der preußische (und im Osten der russische) Staat letztlich eine Assimilierungspolitik. Gerade im Ruhrgebiet war angesichts dieses Spannungsfeldes eine eigene polnische Subkultur mit Vereinen, verschiedenen Publikationsorganen, so zum Beispiel der Zeitschrift „Polnischer Kämpfer" und später auch mit eigenen Gewerkschaften entstanden[273].

Ansicht Dortmunder Kloster

Im Jahr 1895, am Vorabend der Ankunft beziehungsweise der Wiederkehr der Franziskaner nach der Säkularisation, hatte Dortmund „die Schwelle zur Großstadt mit 111.232 Einwohnern überschritten"[274]. Die offene Frage einer Seelsorge an den Polen und die Angst des preußischen Staates vor der Sozialdemokratie bereiteten den Boden für die Rückkehr der Franziskaner in die Stadt, in der sie bis zum Aufhebungsbeschluss des Jahres 1805 in der Säkularisation eine fast 600 Jahre andauernde Tradition gehabt hatten[275]. Franziskaner der Sächsischen Franziskanerprovinz waren bereits seit 1890 seitens des Diözesanklerus und später auch von Seiten der Bistumsleitungen gebeten worden, in der Polenseelsorge aktiv zu werden. Bis zur Abtrennung der Schlesischen Franziskanerprovinz im Jahr 1901 verfügte die Provinz automatisch über mehrere Mitglieder, die sowohl Deutsch als auch Polnisch sprachen, weil sie aus den entsprechenden Gegenden im Osten stammten. Später wurden eigens Mitbrüder zum Erlernen der polnischen Sprache nach Lemberg, Sokal, Krakau und Kalwarya Zebdrsydorcka geschickt. Der Antrag auf Genehmigung zur Gründung einer Niederlassung in Dortmund erfolgte seitens der Kirche ausdrücklich mit Verweis auf die Polenseelsorge. Die staatliche Erlaubnis erfolgte am 24. Dezember 1894. „Die Polenpastoration fand zwar in dem ministeriellen Schreiben keine besondere Erwähnung; das allgemein umschriebene Aufgabenfeld schloß diese aber ohne Zweifel mit ein."[276]

Bis in Dortmund ein neugebautes Kloster bezogen und die Kirche konsekriert werden konnte, dauerte es allerdings noch bis Juni 1902. Der Staat hatte Auflagen bezüglich der Größe der Gemeinschaft gemacht. Danach durften in Dortmund maximal „zwölf Ordensleute und entsprechendes Personal an Laienbrüdern" wohnen. Für den preußischen Staat zählten offenbar Laienbrüder nicht als Ordensleute! P. Alois spricht für das Jahr 1908 von einer Besatzung von zehn Patres und acht Laienbrüdern im Kloster[277]. Nach dem Ersten Weltkrieg führt der Provinzschematismus dann 12 Patres und 8 Laienbrüder als Belegschaft auf[278].

Das Wohnumfeld des Klosters lag gewissermaßen auf der Grenze zwischen Stadt und Land. Einerseits war es noch wenig städtisch und umfasste viele grüne Flächen, die am Wochenende der Naherholung der Bevölkerung Dortmunds dienten. Auch lag und liegt in unmittelbarer Nähe der Ostfriedhof. Nördlich des Klosters gab es im ehemaligen städtischen Siechenhaus Funkenburg mittlerweile eine, gerade am Wochenende, gut besuchte Gartenwirtschaft. Wegen einer geeigneten Unterstellmöglichkeit für Pferde dort zogen an Markttagen speziell hierhin Karawanen von Pferdegespannen, weil die Bauern aus der Soester und

Werler Gegend hier ihre Fuhrwerke ließen. Schon seit 1893 war die Pferdebahn in die Innenstadt elektrifiziert worden und als „Elektrische" bis nach Körne verlängert worden.

Andererseits war in der Ankunftszeit der Franziskaner im näheren Umfeld bereits Einiges an Kleinindustrie gekommen und gegangen oder noch vorhanden: abgebrochene Versuche, Schächte für den Bergbau abzuteufen, eine Zinkhütte, Ziegeleien, eine Kesselschmiede. Ost- und Südbahnhof lagen in unmittelbarer Nähe zum Kloster, erstgenannter bis zum Ersten Weltkrieg auch als Personenbahnhof genützt.

Wieder andererseits wies nur wenige Jahre später der Bau des neuen repräsentativen Gebäudes für das Oberbergamt in der Goebenstraße in Richtung eines entstehenden Villenviertels[279].

Als Jordan im Januar des Jahres 1907 im Anschluss an das Provinzkapitel nach Dortmund versetzt wurde, kam er in eine Niederlassung, wo das Meiste neu und Vieles zum Teil noch im Aufbau begriffen war. Die seelsorglichen Felder waren keineswegs klar abgegrenzt, sondern mussten zum Teil noch erschlossen werden. So bat gegen Ende desselben Jahres der Hörder Dechant um Seelsorgeunterstützung durch Franziskaner[280]. Diese Stelle übernahm auf Dauer P. Canisius Bielemeier, der spätere Beichtvater von Br. Jordan. Die Seelsorge an den Polen erwies sich jedoch immer wieder als ein Drahtseilakt, weil die Franziskaner einmal seitens der polnischen Katholiken verdächtig waren, im Sinne des preußischen Staates zu agieren, andererseits die staatlichen Stellen das Wirken der Franziskaner aufmerksam kontrollierten. Äußerer Beleg dafür war, dass der Staat nach 1888 von den Brüdern jedes Jahr zum 31. Dezember eine „Nachweisung des Personal-Bestandes" für jede Niederlassung der Ordensprovinz einforderte[281]. Aber auch sonst wurde engmaschig kontrolliert. Zum Beispiel musste im Jahr 1909 eine Anzeige gegen den in Dortmund stationierten Pater Basilius Mazurowski wegen einer missverständlichen Äußerung auf dem Eucharistischen Kongreß in Köln als Begründung dafür herhalten, der Schlesischen Franziskanerprovinz die Gründung einer Niederlassung in Berlin zu verwehren. P. Basilius wurde sogar nach Mönchengladbach versetzt und musste seine Tätigkeit als Polenseelsorger ganz einstellen. Hatten die Franziskaner bis dahin die Seelsorge bei Polen auch mittels Gründung und Begleitung rein religiöser Bruderschaften betrieben, so wurde die Arbeit nach diesem Vorfall immer stärker auf reine Sakramentenspendung reduziert[282]. Nach dem Ersten Weltkrieg zogen viele der Ruhrgebiets-Polen zurück in den wieder entstandenen polnischen Staat.

Parallel zu diesem nicht an den konkreten Ort gebundenen Auftrag wuchsen die Brüder immer mehr in die Verantwortung für die Ortspastoral. Im Jahr 1904 wurde ein Kirchenchor gegründet und im Jahr 1910 der Mütterverein. Ab der Umschreibung des Filialbezirks im Frühjahr 1911 wurde in der Franziskanerkirche auch getauft. Im Oktober 1912 wurden je eine „Marianische Jungfrauenkongregation" und eine „Marianische Jünglingskongregation" gegründet[283]. Die offizielle Beauftragung der Franziskaner mit der Pfarrseelsorge im Pfarrrektorat St. Franziskus am 11. März 1913 führte zu weiteren Vereinsgründungen durch die Minderbrüder: einer Herz-Jesu-Bruderschaft und einer Arme-Seelen-Bruderschaft[284], aber auch eines Vinzenzvereins und eines Elisabethvereins im Januar 1914[285]. Die Franziskaner übernahmen im Sommer 1913 zudem die Verantwortung für den Jungmänner-Verein der benachbarten Pfarrei St. Liborius in Körne. Um das Profil als Arbeiterverein zu schärfen wurde er bei dieser Gelegenheit in St. Josephs-Arbeiter-Verein der Franziskusgemeinde umbenannt. An der Tatsache, dass sich zeitgleich der Franziskus-Männerverein bildete, der offenbar eher Beamte ansprach, lässt sich folgern, dass auch hier ein Profilierungsprozess in der Vereinslandschaft stattfand, der andernorts beschrieben worden ist[286].

Jordan nahm Anteil an der Seelsorge seiner Mitbrüder, allerdings im Sinne seiner Spiritualität. Dabei lassen die Stiftungen der neu gegründeten Vereine, das heißt zum Beispiel die Marianischen Kongregationen und die Herz-Jesu-Bruderschaft auch darauf schließen, dass er mit seiner Frömmigkeit alles andere als isoliert dastand. Er war ein wacher Beobachter der Seelsorge. In seinem ersten Brief an seine beiden leiblichen Schwestern Gertrud und Bernardine aus dem Jahr 1907 beschrieb er die seelsorglichen Verhältnisse in Dortmund. Dabei erwähnte er die neue Kirche, „die für uns gebaut worden ist", und die zu den Hauptgottesdiensten „sehr gut besucht" war. Er freute sich an der „herrlichen Krippe", die in der Weihnachtszeit fast täglich durch Schulklassen besucht wurde[287].

Sein Mitgehen und Mitverfolgen ist weiter durch den Brief an seine andere leibliche Schwester belegt. Im Jahr nach der Umschreibung des Filialbezirks wurde er Zeuge der Erstkommunionfeier von 145 Kindern in der Franziskanerkirche: „Die Feier war wunderschön." „Wir haben hier zehn hochwürdige Patres in der Seelsorge." Stolz auf das Wirken seiner Mitbrüder sprach aus dem Bericht über die geplante Mission für die Stadt Dortmund: „Während bei der letzten Mission alle Orden in den verschiedenen Kirchen vertreten waren, sollen jetzt unsere Missionare dieses fast ganz übernehmen."[288] Jordans Anteilnahme bestand vor allem darin, dass er seine Mitbrüder im Gebet begleitete. Sein Guardian der Jahre zwischen 1915 und 1918 P. Laktantius sagte es so: „Wegen seines Gottvertrauens pflegten die Patres ihre Anliegen, zum Beispiel Volksmissionen, gerade ihm zu empfehlen."[289] Die Gebetsbegleitung belegen auch andere Zeugen[290].

Das vollzog sich auch hier in nächtlichem, fürbittendem Gebet und stieß dabei keineswegs auf ausschließliche Bewunderung und Begeisterung. Sein Küchenbaas, Br. Elias sagte aus: „Öfter klagte er – nicht um sich zu beklagen – über Kopfschmerzen. Ich sagte ihm: Gehe zur rechten Zeit ins Bett; dann bist du nicht mehr nervös."[291] Beide Guardiane ab 1911 mussten sich damit auseinandersetzen: P. Laktantius wurden von Konventsmitgliedern mit der Bitte angesprochen, diese nächtlichen Gebete zu verbieten. P. Eleutherius Ermert verbot es dann „wegen seines Gesundheitszustandes" tatsächlich. Das führte jedoch offenbar dazu, dass Jordan unter Berufung auf sein Gewissen diese Möglichkeit wieder einforderte. Möglicherweise kam es dann zu einer Kompromisslösung, indem P. Eleutherius die Gebetszeit für Jordan bis 22.00 Uhr begrenzte[292].

Jordans Verständnis von Unterstützung umfasste aber auch die Sorge für das allgemeine Wohl der Mitbrüder. Er fiel gegenüber allen Mitbrüdern durch seine grundsätzliche Ergebenheit, Dienstbeflissenheit und Hilfsbereitschaft auf. Über Bruder Elias, seinen ehemaligen Küchenchef der Jahre 1914 bis 1915, sowie 1918 bis 1922 haben wir eine Aufstellung des Aufgabenspektrums des Hilfskochs Jordan. Dabei stellte er seinem ehemaligen Mitarbeiter gleichzeitig ein Dienstzeugnis aus:

„Br. Jordan musste mir behülflich [!] sein und hatte Kartoffeln zu schälen, Brot zu schneiden, zu spülen, das Refektorium zu bedienen, die Patreszellen zu reinigen, die Hühner und Hunde zu betreuen. Er hat die ihm aufgetragenen Arbeiten – das Zeugnis kann ich ihm ausstellen – sehr gut und treu verrichtet."[293] Wenn die Patres – zum Teil zu sehr fortgeschrittener Zeit – von Missionstätigkeiten oder pfarrlichen Aufgaben wiederkamen, war Br. Jordan noch wach und sorgte für sie[294]. Als Küchenbruder verfügte er über den Zugang zur Speisekammer und konnte frei-

Refektor Dortmund

giebig sein. P. Ubald Michels freute sich noch Jahre später darüber, dass er bei einer späten Heimkehr ins Kloster ein Bier bekommen hatte[295]. P. Serapion Weiking stellte dem Küchenbruder
das Zeugnis aus: „Er war ein ‚Mütterchen" für das Wohl des Hauses und die Interessen seiner Mitbrüder – dabei das Dienstmäd-
chen für alles."[296] Diese Hilfsbereitschaft erlebten aber letztlich
alle Mitbrüder, unabhängig von der Weihe. Der Pförtner Br. Gregor bezeugte mehrfach die gleiche Behandlung, wenn er spät
vom Terminieren wiederkehrte[297].

Gleichzeitig ist belegt, dass er als Küchenbruder schon morgens
vor der Messe alles in der Küche und im Refektor vorbereitete
und dafür um 4.20 Uhr aufstand[298]. Für die Zeit der Lebensmit-
telknappheit nach dem Krieg gibt es eine Zeugenaussage darüber, dass Jordan bei Kollekturfahrten ins Münsterland bereits
deutlich früher wach war[299].

Das alles vollzog sich allerdings in der Br. Jordan eigenen sehr frommen Weise. Der Pfarrseelsorger P. Georg erinnerte sich im Prozess daran, dass er zwar zu fortgeschrittener Stunde noch etwas zu essen bekam, ihn Jordan bei dieser Gelegenheit aber auch immer in Gespräche über den Tagesheiligen verwickeln wollte. Es klingt durch, dass der Seelsorger nach einem Arbeitstag dazu nicht mehr recht offen war: „Es war mir nicht immer angenehm, weil ich oft nicht das Interesse an den Heiligen in dem Maße hatte wie Br. Jordan."[300]

Auch die Dienstbereitschaft kam nicht überall gleich gut an. Sein ehemaliger Küchenbaas, Br. Elias bekundete später ganz offen: „Wohl zeichnete er sich aus durch große Friedfertigkeit und Nachgiebigkeit, was ich damals für Schwäche hielt. Es sah mir damals nach Sich-Einschmeicheln-Wollen aus, wenn er sich den Patres gegenüber dienstfertig zeigte."[301]

Mit dem Kriegsausbruch im Jahr 1914 ergab sich für die Gemeinschaft eine veränderte Situation[302]. Die Patres gingen in die Militärseelsorge oder führten ihre Tätigkeiten vor Ort weiter. Die im wehrfähigen Alter stehenden Laienbrüder wurden dagegen alle als Soldaten eingezogen. Das betraf nachweislich den Küchenchef Br. Elias, den Pförtner Br. Gregor und den Gärtner Br. Capistran. Möglicherweise waren noch andere jüngere Laienbrüder davon betroffen, die zu diesem Zeitpunkt dem Haus Dortmund zugeschrieben wurden. Als gesichert darf gelten, dass ab Kriegsbeginn folgende Arbeitsbereiche weiter besetzt werden konnten: der Dienst des Terminarius mit Br. Clemens, der Dienst in der Schneiderei mit Br. Marcellus, die Küsterei und Kirchenmusik mit Br. Adolf und der Refektordienst mit Br. Jordan. Weil aber gerade Küche, Pforte und Garten Schlüsselbereiche für den Hausbetrieb darstellen, mussten Maßnahmen getroffen werden, um das Funktionieren des Hauses weiter zu gewährleisten[303].

Das Bemerkenswerteste war wohl die Hinzunahme einer jungen Ordensschwester von den Franziskanerinnen von der hl. Familie (Mayener Franziskanerinnen), die vom 2. März 1915 bis zum 06. Dezember 1918 die Verantwortung für die Küche übernahm: Sr. Festina Stiegen (1888–1973)[304].

Offenbar wurde für die Kriegsjahre noch mit Br. Linus Bödekker ein neuer Pfortenbruder nach Dortmund versetzt[305].

Darüber hinaus wurde die Arbeit noch mit auf die anderen Brüder aufgeteilt. So kam es wohl auch, dass Jordan in der Kirche als Küster mitwirkte, die Sorge für die Ministranten mit übernahm und im Garten mitarbeitete[306]. Außerdem wird er in einer Statistik als Hilfspförtner geführt[307]. Sofern er nach Dingelstädt hatte kürzertreten sollen, war das jetzt deutlich weniger möglich. Außerdem führte das dazu, dass Jordan vermehrt Außenkontakte hatte. Hier ist der Sitz im Leben für einige der erhaltenen Briefe mit Menschen aus der Gemeinde zu vermuten[308]. Belegt ist auch, dass er für die Gemeinschaft Naturalien für die Küche sammelte, d. h. auf Termin ging[309]. Offenbar hatte Jordan während der Kriegszeit Kontakt mit Frauen, die beim Schmücken der Altäre mithalfen. Jedenfalls rühmte im Prozess ein Pater im Nachhinein Jordans „ausgeprägtes Zart- und Taktgefühl besonders den Frauen und Mädchen gegenüber, die in der Kriegszeit wohl beim Schmücken der Altäre halfen"[310].

Insofern erlebten doch ab 1915 eine ganze Reihe Menschen im Klosterumfeld den frommen, zurückhaltenden Bruder.

Eine Beschreibung seines Auftretens, in der sich viele Aussagen des Prozesses bündeln, lieferte die ehemalige Oberin des Hüttenspitals Sr. Gertrudis:

„Br. Jordan war ein ganz einfacher Bruder; er sprach nur, wenn man ihn ansprach. Er machte einen etwas einfältigen und schüchternen Eindruck. Er würde sich nie gemeldet haben, auch wenn man ihn hätte eine Stunde stehen lassen ... Bei Empfang der Lebensmittel konnte er sich wie ein Kind freuen. Bisweilen untersuchte er sie auch selbst mal ... Er machte einen hageren Eindruck, er war schon kränklich und oft müde. Dann haben wir ihn sich erst etwas ausruhen lassen. Zuweilen ging er auch in die Kapelle, ganz leise, dass es niemand merkte. Er wollte sich nicht sehen lassen. Hin und wieder fuhr ihn die verstorbene Küchenschwester mit dem elektrischen Aufzug herauf. Zuweilen versuchte er das zurückzuweisen, weil er fürchtete die Schwester von der Arbeit abzuhalten. Auf die Frage, ob die haushaltsführende Schwester in Dortmund wohl mal was Besonderes wünschte, äusserte er sich darüber ganz bescheiden; er erhielt dann wohl u. a. auch mal Kaffee und Dörrobst – was damals eine Seltenheit war. Das Gewand Br. Jordan's war alt, abgetragen. Ihn selbst habe ich nie unsauber gesehen."[311]

In dieselbe Richtung weist die Zeugenaussage des damals vierzehnjährigen Ministranten und späteren Franziskaners P. Vitus. Der berichtete über die Schweigsamkeit Jordans beim Schmücken der Altäre und dass er zuvor erst einmal zum Gebet hinkniete[312].

Dieses Verhalten erzeugte ein geteiltes Echo. Bei manchen löste es Befremden aus: P. Ubald belegt die Absicht des langjährigen Guardians P. Eleutherius den Laienbruder loszuwerden: „Seine [Jordans] aussergewöhnliche Zurückhaltung und Bescheidenheit, die es vermied, sich zu irgendeinem Dienst zu melden, sondern wartete, bis er gerufen wurde, konnte den Anschein erwecken, als sei er für das grosse Haus unbrauchbar gewesen. Das mag der Grund gewesen sein, dass ihn der Guardian

P. Eleutherius abberufen lassen wollte."[313] Ein anderer Pater zitierte P. Eleutherius mit einem möglicherweise häufiger vorkommenden Seufzer: „Ach, der Br. Jordan ist überspannt."[314]

Der fast zwanzig Jahre jüngere Mitbruder Clementius Wickel, der Jordan nur kurz zwischen Juni 1919 und Frühjahr 1920 kennenlernte, kommentierte die Wirkung von Jordans Verhalten etwas undifferenzierter, aber gleichwohl pointiert: „Wir dachten damals: Der hat sie nicht alle auf der Latte."[315]

Eine Mischung aus Staunen, Bewunderung und Unverständnis löste bei den eigenen Mitbrüdern das Verhalten gegenüber der 22 Jahre jüngeren Schwester Festina aus. Im Sinne seiner demütigen Grundhaltung hatte Br. Jordan persönlich keinerlei Problem damit, der Ordensfrau das Kommando in der Küche zu überlassen und nahm ihr selber die ganze Zuarbeit ab[316]. Br. Walter sprach es direkt aus: „Wir Brüder verargten es im Grunde Br. Jordan, dass er so unter dem Pantoffel der Schwester Festina stand."[317] Die Ordensschwester selber schätzte das Arbeitsverhältnis zwischen ihr und dem Franziskanerbruder anders ein. Sie erinnerte sich an die erste Begegnung, wo Jordan Ihr eigenes Angebot, sich ihm unterzuordnen, abgelehnt hatte. Sie urteilte später: „Er hätte schon die Fähigkeit gehabt, Leiter in der Küche zu sein, wollte aber bewusst nur Handlanger sein."[318] Folge der Zusammenarbeit war ein beständiger Kontakt auch nach der Kriegszeit, als Sr. Festina ihren ehemaligen Unterkoch jährlich immer am 2. Weihnachtstag und an Ostern im Franziskanerkloster besuchte[319].

Diese Tatsache weist hin auf die andere Seite dessen, was es hieß, Bekanntschaft mit Bruder Jordan zu machen. Wer länger mit ihm Umgang pflegte, lernte sein Verhalten besser einzuschätzen und gewann Hochachtung vor ihm. Denn es stellte sich heraus, dass der fromme Küchenbruder in der Tat aufrichtig und echt war in dem, was er tat. Die Frömmigkeit war nichts Aufgesetztes, sondern war Br. Jordan in Fleisch und Blut übergegangen. Man begegnete einem Menschen, der seinen Frieden in Gott gefunden hatte. Wenn der stille Küchenbruder im Jahr 1918 an seine leibliche Schwester schrieb, wie er selber leben wollte, dann klingt durch, dass er sich bewusst um eine geistlich verstandene Indifferenz bemüht; also eine Haltung, die aus einer Grundentscheidung für Gott und der Erfahrung des Angenommenseins durch ihn alle anderen Dinge nachordnet[320]: „Man kann sich auch zu sehr in seine Beschäftigung vertiefen, dass man die Einwirkungen der göttlichen Gnade verhindert. Bei mancher Arbeit braucht man nicht viel zu denken. Da muss man die Hände bei der Arbeit, das Herz aber bei Gott haben und immer gleichgültig bleiben gegen Lob und Tadel, vorausgesetzt, daß man seine Pflicht getan hat. Nur nicht zu fröhlich beim Lob und niedergeschlagen beim Tadel!"[321]

Das strahlte aus. Sr. Gertrudis beschrieb seine Wirkung auf ihre Mitschwestern: „Die Küchenschwestern und auch die Küchenmädchen kannten Br. Jordan wohl noch besser als ich und schätzten ihn hoch. Ich hatte schon mal den stillen Br. Jordan den Küchenmädchen wegen ihres Lärmens als Muster hingestellt und gesagt: ‚Nehmt Euch ein Beispiel an Br. Jordan.' Die verstorbene Küchenschwester Ethilberta sagte einmal: ‚Wenn man Br. Jordan sieht, hört jeder Radau auf.' Solch einen Eindruck machte der stille Bruder, – der dabei durchaus nicht sonderbar und weltfremd war."[322] Dieses Zitat fasst eine ganze Reihe von Aussagen im Prozess zusammen, die alle darauf abheben, dass Jordan im Umgang als ein angenehmer und auch im religiösen Bereich alles andere als fanatischer Zeitgenosse erlebt wurde.

Wie ambivalent das Leben mit ihm dennoch blieb, lässt sich eindrucksvoll an den Aussagen von Jordans ehemaligem Guardian P. Eleutherius demonstrieren. Denn der musste während des Prozesses zu zwei Terminen erscheinen: Beim ersten Mal, am 11. Dezember 1934, antwortete er auf die Frage, wie sich Jordan dazu verhalten habe, wenn man ihn „gering achtete oder sich über ihn lustig machte". Darauf seine Antwort: Er habe Jordan aus Vorurteilen heraus für „beschränkt" gehalten, er sei dann aber bald zu „anderer Ansicht gekommen"[323]. Dann führte er später weiter aus, er habe nach seiner Ankunft gemerkt „dass ich einen fertigen, religiösen Menschen vor mir hatte, der auch in den folgenden Jahren in seinem religiösen Verhalten ganz derselbe blieb"[324]. Noch während des laufenden Informativprozesses gelangte aber ein Brief P. Eleutherius in die Hände der Prozessverantwortlichen, den er nur zwei Monate vor Br. Jordans Tod an den Provinzial geschrieben hatte. Darin hatte der damalige Dortmunder Guardian mit der Absicht, neue Laienbrüder für den Konvent zu bekommen, alle im Jahr 1921 im Hause befindlichen Brüder charakterisiert, um seine bedrängte Lage zu illustrieren – und das bis auf zwei Ausnahmen in nicht besonders schmeichelhafter Weise. Über Jordan Mai hieß es in diesem Brief: „Dabei hilft ihm [Br. Elias] Br. Jordan, den fast alle Klöster abgelehnt. Er ist hier schon über 10 Jahre – war früher in einer Nervenanstalt und neigt zu religiöser Schwärmerei. Der Bruder besitzt eine grosse Opfergesinnung, hat dem Hause viel genützt – er ist aber gegenwärtig als Arbeitskraft nicht mehr anzunehmen. Dazu kränkelt er viel und geht alsdann zu den barmherzigen Brüdern. Er ist Refektorar."[325] Am 13. Januar 1936 musste P. Eleutherius deshalb den kirchlichen Richtern erklären, wie seine Ausführungen zu verstehen seien. Jedenfalls musste er einräumen, dass das Detail mit einem Aufenthalt Jordans in einer Nervenanstalt nicht stimmte und „Schwärmerei" eher als eine Betonung des besonderen religiösen Eifers seines Unterge-

benen gemeint gewesen sei. P. Alois äußert in seiner Biographie
die Vermutung, dass P. Eleutherius einer Verwechslung erlegen
sei. Kurz bevor Heinrich Mai als Franziskaner eingetreten war,
hatte es bereits einen anderen, fast gleich alten Laienbruder dieses Namens gegeben: Gottfried (Br. Jordan) Padberg. Der war
tatsächlich im Jahr 1894 in die Nervenheilanstalt in Mönchengladbach eingewiesen worden, wo er 1908 verstarb[326]. Bei Alois
Eilers wird zusätzlich noch eine Episode am Fronleichnamstag
des Jahres 1919 erinnert. Jordan habe durch seine exzentrische
Frömmigkeit für Gerede gesorgt, daraufhin habe P. Eleutherius ihm verboten, weiter an öffentlichen Prozessionen teilzuneh-
men[327]. Das taucht so nirgendwo in den Akten des Informativprozesses auf. Es ist nicht auszuschließen, dass in den späteren
Jahren der Gegensatz zwischen einfachem Küchenbruder und
seinem Oberen in den Erzählungen auch stilisiert worden ist.
An dieser Stelle kann als gesichert festgehalten werden, dass der
Guardian die Frömmigkeit und die Arbeit Jordans für den Konvent durchaus anerkannte, ihm die Frömmigkeitsübungen seines Konventsmitglieds allerdings übersteigert schienen.

Von P. Eleutherius stammte noch eine andere Aussage, die abschließend besprochen werden muss, weil sie alles andere als ne-
bensächlich ist. Bei der Frage im Prozess, inwiefern Jordan Mai
die Tugend der Gerechtigkeit geübt habe, sagte P. Eleuterius aus:
„Er liebte aus übernatürlichen Motiven auch sein Vaterland und
sein Herrscherhaus."[328] Damit ist der Fragenkomplex nach der
Einstellung Jordans zum Kaiserhaus und zum Ersten Weltkrieg
aufgeworfen. Mit dem Amtsantritt des jungen Wilhelm II. im
Jahr 1888 und der nur zwei Jahre später von den Katholiken
mit Genugtuung empfundenen Entlassung Ottos von Bismarck
war der deutsche Kaiser immer stärker in die Rolle einer schein-
bar überkonfessionellen Integrationsfigur hineingewachsen. Mit
dem Kulturkampf hatte er nichts zu tun gehabt und seine sozial-

politischen Vorstellungen kamen den Vertretern des politischen Katholizismus entgegen. Das erleichterte es sehr, ihn nicht nur als den legitimen Herrscher anzusehen, sondern tatsächlich eine emotionale Bindung zu ihm aufzubauen[329].

Bei Beginn des Ersten Weltkriegs galt die Loyalität der Katholiken insgesamt Kaiser und Staat. Der Krieg wurde als gerecht angesehen. Dennoch gab es auch im deutschen Katholizismus keine einheitliche Stellung zum Kriegsgeschehen. Das später so begrifflich gefasste „Augusterlebnis" einer allgemeinen Kriegsbegeisterung hat es allerdings wohl so nicht gegeben[330]. In der Sächsischen Franziskanerprovinz lag man grundsätzlich auf der Linie vieler Katholiken, jetzt besonders die nationale Zuverlässigkeit und einen vaterländischen Patriotismus beweisen zu können[331]. Dennoch stand eher die konkrete Seelsorge an den Soldaten im Vordergrund, als schwärmerische Begeisterung für das Militärische[332].

In den Briefen Br. Jordans in der Kriegs- und Nachkriegszeit finden sich Bezüge dazu. Im Brief an Frau Schlieper vom Juni 1916 geht es vor allem darum, einer Frau Trost zu spenden, deren Mann „im Krieg" ist, und ihr Hoffnung zu machen, dass er wiederkommt[333]. In einem Brief, den Theo Maschke auf das Jahr 1917 datiert, geht es um ein Dankeschön für eine Lebensmittelspende an das Kloster. Im so genannten „Steckrübenwinter" 1916/1917 kam es durch Versorgungsengpässen zu „unmittelbarer Not", zu „Übergriffen auf Lebensmittellager und Plünderungen"[334]. In dieser schwierigen Gesamtlage war ja Br. Jordan als Küchenbruder mit der Herausforderung konfrontiert, einem Haushalt mit rund 10 Brüdern etwas Essbares auf den Tisch zu bringen[335]. In zwei Briefen aus dem Dezember 1918, das heißt rund einen Monat nach dem Waffenstillstand, zog der daheimgebliebene Franziskaner Bilanz über die Kriegsjahre: Er freute sich mit den Brüdern, die „aus dem Felde" heimgekehrt waren und wieder im „trauten Kloster" weilten. Stolz konnte er darauf verweisen, dass „fast alle das Eiserne Kreuz und andere Auszeichnungen erhalten" hätten. Allerdings beklagte das Kloster auch einen „fürs Vaterland" gefallenen Mitbruder[336]. Jordan berichtete darüber, dass die Heimkehrer sich einen „besseren Ausgang" des langen Krieges gewünscht hätten. Den Krieg selber kennzeichnete Jordan als „das Menschenmorden"[337].

Im Informativprozess erwähnte die Nachbarin aus dem Hause Maximilianstraße 1 in Buer, dass auch Jordans Neffe Peter im Krieg gefallen war. Offenbar war also kriegsbedingter Tod und Verlust etwas, das Jordan auch aus dem unmittelbaren familiären Erleben kannte[338]. Ein Mitbruder sagte im Prozess aus, dass Jordan wohl schon während des Krieges skeptisch über dessen siegreichen Ausgang gewesen sei[339]. Während des Zweiten Weltkriegs wurde Jordans tatsächlicher oder vermeintlicher Patriotismus erneut aufgegriffen. In einem Nachruf auf einen Mitbruder, der ebenfalls aus Buer stammte, aber mit dem er nie zusammengelebt hatte, wurde Jordan mit dem Ausspruch zitiert, „dass der wahre Patriotismus bei einem Mönche [!] eine unzerstörbare Grundlage in der Religion habe, die verlangt, dass man dem Kaiser gebe, was des Kaisers ist"[340].

Es spricht Einiges dafür, dass Jordan wie auch andere Katholiken das Herrscherhaus anerkannte und sich darüber freute, dass die eigenen Mitbrüder als Soldaten und als Militärseelsorger ihren Beitrag für das Vaterland geleistet hatten. Mehr beschäftigte ihn aber das seelische und zeitliche Wohl der Menschen. Den Krieg lehnte er schließlich deutlich als „Morden" ab.

Zum Ende des Krieges war Jordan fast 12 Jahre in Dortmund. Hierhin war er zuvor auch gesundheitsbedingt gewechselt, um aus der zweiten Reihe heraus zu wirken. Sofern man seine Kräfte hatte schonen wollen, hatte das höchstens die ersten sieben Jahre funktioniert. Mit Kriegsausbruch war die Belastung wieder gestiegen. Es sollte sich zeigen, dass die Einstellung der internationalen Feindseligkeiten keinesfalls eine Rückkehr zu einer irgendwie gearteten Normalität im Inland bedeutete.

Kapitel 7
Krankheit und Tod

Das Schlusskapitel im Leben des Jordan Mai ist komplex und unübersichtlich; wohl auch, weil es in einer allgemeinen, teils chaotischen, Umbruchsphase spielte. Nach der Einstellung der Kampfhandlungen und der Abdankung des Kaisers entstand in Deutschland eine in mehrfacher Hinsicht offene Situation. Für den Durchschnittsbürger war nicht absehbar, in welche Richtung sich alles entwickeln würde. In Berlin kam es im Rahmen der Revolution zu Straßenkämpfen. Und auch im Ruhrgebiet herrschten turbulente Verhältnisse, von denen die Franziskaner im Dortmunder Kloster nicht verschont blieben. Im Leben des Küchenbruders und Hilfspförtners setzte gleichzeitig eine weitere Phase vermehrter Krankenhausaufenthalte ein. Bei ihm zeigten sich zunehmend Anzeichen von schwerer Erschöpfung. All das gipfelte in einem als ungewöhnlich empfundenen Tod.

Das Ruhrgebiet wurde ab dem Jahr 1918 bis 1933 entgegen seiner bisherigen Tradition unvermittelt zum Zentrum der in Deutschland geführten Arbeitskämpfe. Hier flammten besonders seit dem Frühjahr 1919 auf einmal linkssozialistische, syndikalistische-anarchistische Bewegungen auf, die dann allerdings im Frühjahr 1923/1924 wieder von der Bildfläche verschwanden[341]. Gerade im Dortmunder Raum hatte schon ab 1918 eine Streikbewegung der Bergleute und Stahlarbeiter ihren Anfang genommen, die sich auf das ganze Revier ausbreitete[342]. Nur verlor sich das Verhandlungsergebnis der Gewerkschaften dieses Sommers „unter den überquellenden, verselbstständigten Aktionen der Massen" im Ruhrgebiet[343].

Gleichzeitig wurde der Arbeitsmarkt durcheinandergeschüttelt, weil einerseits 150.000 Ruhrpolen zurück in den neuen polnischen Nationalstaat abzogen, gleichzeitig aber aus dem Oberschlesischen viele Arbeiter zuwanderten. Verschärft wurde die Lage zusätzlich durch die „außenpolitische Sondersituation des Ruhrgebietes als produktiver Kern der Reparationsverhandlungen und seine mit Versailles noch gewachsene Bedeutung als Energiequelle"[344]. Klaus Tenfelde hat die Situation so zusammengefasst: „Es war in diesen Monaten und Jahren schwer herauszufinden, wer sich wem und welcher Sache zuordnete. Die Konfliktfronten waren mannigfaltig, aber der spontane Konfliktmodus dominierte durchweg."[345] Das Ganze entlud sich schließlich blutig im Jahr 1920: Generalstreik gegen den Kapp-Lüttwitz-Putsch, bewaffneter Bürgerkrieg zwischen der Roten Ruhrarmee, Freikorps und regulärer Reichswehr[346].

Diese Lage ist die Voraussetzung für manche Äußerungen in den Briefen Jordans, möglicherweise aber auch der zum Teil ablehnenden oder doch zumindest gereizten Äußerungen und des Verhaltens seiner Mitbrüder. Einerseits sorgte Jordan zwar gemäß der Anordnung seines Provinzials P. Beda Kleinschmidt vom 23. November 1918 für den Fall einer Klosteraufhebung vor[347]: Er wandte sich an seinen Neffen, um im Notfall ein Quartier zu haben[348]. In der allgemeinen Verunsicherung und im Chaos der kommenden Jahre blieb er andererseits konsequent seinen eigenen strengen religiösen Verhaltensregeln treu. Das enthielt Spannungspotenzial. Der Weihnachtsbrief an seine leibliche Schwester Sr. Maria Olivia atmet Gottergebenheit und bringt eine Aneinanderreihung von Jesusworten, die die Verfolgung der Jünger prophezeiten. Jordan fand Trost in einem Pauluswort: „Ich habe keine Bange, mag kommen, was da will. Wenn Gott mit uns ist, wer kann da wider uns sein?"[349] Zusätzlichen Trost fand er in seiner Marienfrömmigkeit. Im März des Jahre 1919 schrieb er an seine Schwester: „Die Menschheit sitzt ja fest und weiß nicht mehr aus und ein. Alles schaut mit gewissem Bangen in die Zukunft. Was wird's wohl noch geben, fragt sich jeder. Ich vertraue auf die Mutter Gottes. ‚Sie hat schon früher geholfen', haben wir so oft im Friedensgebet gebetet."[350]

Fast ein Jahr später wurde dieses Vertrauen in den Beistand Gottes und Mariens auf die Probe gestellt. Wir sind aus erster Hand über die Rolle der Brüder in den dramatischen Tagen in Dortmund allerdings nur über die Zeugenaussagen im Informativprozess unterrichtet. In der Literatur gibt es außerdem Unterschiede bei den Ortsangaben[351]. Am 15. März 1920 hatten die freien Gewerkschaften zum Generalstreik aufgerufen, um Widerstand gegen einen reaktionären Putschversuch in Berlin durch ehemalige Armeeangehörige zu leisten. Der Streik verselbstständigte sich zu einem Arbeiteraufstand, der sich vom Anliegen die Republik gegen die Freikorps zu schützen entkoppelte und schließlich sogar gegen die Reichswehr richtete. In Dortmund bewaffneten sich die Arbeiter zu „Arbeiterwehren", vorher hatte es bereits offizielle städtische Sicherheitswehren gegeben. Als dann auf dem Südbahnhof das berüchtigte Freikorps „Lichtschlag" unter Führung des ehemaligen Generalstabsoffiziers Otto Lichtschlag (1885–1961) auf dem Weg nach Hagen Station machte, eskalierte die Situation. In der Literatur findet sich der Hinweis, dass dieses Freikorps ob seiner Rücksichtslosigkeit den Spitznamen „Freikorps Totschlag" getragen habe[352]. Das fußläufig vom Kloster entfernte Gelände des Südbahnhofes und das Gebiet der Brauerei Kronenburg wurden am 17. März zum Schauplatz stundenlanger, heftiger Gefechte zwischen dem Freikorps und der „Roten Ruhrarmee"[353]. Das zahlenmäßig weit unterlegene Freikorps erlitt eine Niederlage. Dabei kamen nach späteren Schätzungen der „Dortmunder Zeitung" 70 bis 80 Menschen ums Leben und es gab 200 Verletzte[354]. Die Mitglieder der „Roten Ruhrarmee" ließen danach ein Regierungsultimatum zur Niederlegung der Waffen verstreichen. Daraufhin marschierten am 5. April in Dortmund Truppen der regulären Reichswehr und andere Freikorpseinheiten ein. Es folgten sehr harte bis brutale Maßnahmen gegen die ehemaligen Rotarmisten seitens der Armeeeinheiten.

Das Bemerkenswerte an der ganzen Angelegenheit war nun aus Sicht der Minderbrüder, dass sich nach den Kämpfen ausgerechnet Hauptmann Otto Lichtschlag ins Franziskanerkloster rettete, bevor er später in Zivilkleidern nach Münster entkam! Bei P. Alois wird die Geschichte in vielen Details und mit bedenklicher Sympathie für den Anführer des Freikorps erzählt[355]. Im Nachruf auf P. Eleutherius Ermert aus dem Jahr 1953 war es dann allerdings nicht mehr Lichtschlag selber, sondern „ein Offizier des Korps Lichtschlag", von dem die Spartakisten vermuteten, dass er im Kloster verborgen gehalten werde[356]. Dem Wahrheitsgehalt der Einzelheiten muss hier im Einzelnen nicht nachgegangen werden, weil es auf das Faktum ankommt. Auch wie sich die Brüder im Einzelnen zu Lichtschlag und seinen Taten stellen, kann nicht rekonstruiert werden. Fakt war: Die Brüder im Kloster steckten in einem Dilemma, wie sie mit der Tatsache umgehen sollten, dass sich unter ihrem Dach ein von den Anhängern der „Roten Ruhrarmee" gesuchter Kombattant aufhielt. Zu diesem Vorgang gibt es sieben unterschiedliche Zeugenaussagen von Franziskanern, die alle darin übereinstimmten: Ein Mann namens Lichtschlag war im Kloster untergetaucht und Jordan beabsichtigte keine Abstriche an seinen strengen religiösen Maßstäben zu machen[357]. Es ist in den Akten des Informativprozesses nicht wörtlich überliefert, was er genau gesagt hat. Offenbar ließ er aber keinen Zweifel daran aufkommen, dass er bei einer Befragung durch Dritte auch in dieser Sache niemals lügen werde. Möglicherweise spricht aus der trockenen Bemerkung von P. Serapion Weiking auch Kritik: „Ich bin überzeugt, dass es ihm eine Freude gewesen wäre, aus seiner Christusverbundenheit heraus von den Spartaktisten an die Wand gestellt zu werden." Denn in diesem Fall ging es ja nicht nur um den frommen Küchenbruder, der sich schicksalsergeben auf das Martyrium freute, sondern auch um die anderen Mitbewohner des Hauses. Orientiert man sich nur an den Zeugenaussagen, gibt es einen Hinweis dafür, dass das Kloster von den „Spartakisten" auch erfolglos durchsucht worden ist; ob man dafür die Existenz irgendwelcher in Br. Jordans Bett versteckter „Geheimpapiere" annehmen muss, darf aber offenbleiben[358]. Die Aussagen von zwei Mitbrüder belegen, dass die Oberen, P. Eleutherius Ermert als Guardian und P. Marzellinus Blum aus Hausvikar, sich des Verhaltens von Jordan nicht sicher waren und versuchten, das fromme Konventsmitglied ins Kloster Rietberg zu schicken[359]. Allerdings verpasste der den Zug. Laut Jordans Küchenbaas, Br. Elias, kommentierte Jordan das nach seiner Rückkehr ins Kloster folgendermaßen: „Es war nicht der Wille Gottes."[360] Es ist nicht überliefert, wie lange Lichtschlag im Haus war und wie er dann das Kloster wieder verließ. Weil niemand im Haus zu Schaden gekommen war, blieb die Angelegenheit wohl Anekdote.

An der Geschichte wird blitzlichtartig klar, dass Jordan im Umgang mit Tod eine für seine Brüder beängstigend große Souveränität an den Tag legte. Die Themen Krankheit, Tod und Himmel hatten ihn schon ein Leben lang begleitet. Inwiefern das Versterben seiner drei Geschwister vor seiner Geburt die Religiosität seiner Mutter beeinflusst hat und damit in die Familie hineinwirkte, lässt sich nicht direkt nachweisen, ist aber vorstellbar. Dass sich die Mutter um das Seelenheil der eigenen Kinder sorgte, wird in der Zeugenaussage der leiblichen Schwester deutlich. Da werden eine Reihe von prägnanten Aussprüchen der Mutter zum Thema Himmel wiedergegeben: „Über Tag bei der Arbeit hörte man öfter aus Mutters Mund: ‚Gott zu Ehren, dem Teufel zum Trotz vorwärts! Mit Schuh und Strümpfen kommt man nicht in den Himmel, es muss etwas geschehen.' Auch sagte Mutter so gern: ‚Ihr habt die Sorge, dass ihr alle droben zur Rechten steht. Wenn jemand von Euch fehlt, wo soll ich dann hin?'"[361] Jordan hatte selber die Mutter bis zu ihrem Sterben gepflegt, die Erkrankung des Vaters miterlebt und ihn mit beerdigt. Sein von ihm verehrter Bruder Peter war im Jahr 1907 verstorben. Jordan gönnte ihm den Platz im Himmel und kommentierte das in einem Brief gegenüber seinen Geschwistern so: „Er wird wohl nicht mit uns tauschen."[362]

Derselbe Brief ist auch das früheste persönliche Zeugnis über einen Erschöpfungszustand des Küchenbruders. Er selber beschrieb sein Leiden so: „Ich habe hauptsächlich mit Nervenschwäche zu tun und darf mich weder körperlich noch geistig anstrengen, sonst werden die Benommenheit des Kopfes, die Schlaflosigkeit und Mattigkeit gleich gesteigert."[363] Nach der Zeit in Dingelstädt war er ausgelaugt. Möglicherweise gelang es ihm jedoch, danach sich in Dortmund zunächst wieder etwas zu erholen.

In seiner Krankengeschichte blieben die Kopfschmerzen eine Konstante. Zeitweilige Beschwerden dieser Art sind von Mitbrüdern schon für die Paderborner und Harreveiler Zeit belegt[364]. In Dingelstädt wurde er schließlich „abgelöst, weil er über Kopfschmerzen klagte". Für diese Zeit ist auch eine Nierenerkrankung belegt[365]. Bruder Nicasius Westerwinter, der mit ihm in den ersten Jahren in Dortmund zusammen war, belegte für diese Zeit heftige Kopfschmerzen und Schlaflosigkeit[366]. Offenbar kamen dann noch Magenbeschwerden mit dazu, die dazu führten, dass er vom Fastengebot dispensiert wurde. Dennoch hielt er seine schon in Dingelstädt geübte Praxis durch, nur die Reste vom Tisch zu essen[367].

Im Winter 1911/1912 machten weitere Beschwerden chirurgische Eingriffe erforderlich. Darüber sind wir aus der Zeugenaussage des Bruders Balthasar Storm von den Barmherzigen Brüdern informiert. Der Ordensmann arbeitete im Dortmunder Brüderkrankenhaus und hatte offenbar für sich Angaben über Patienten im Haus schriftlich nachgehalten, auf die er im Prozess zurückgreifen konnte. Danach weilte der Küchenbruder aus dem Franziskanerkloster in dieser Phase zu folgenden Zeiten im Krankenhaus: „27.–28.11 (kleiner operativer Eingriff, Überbein an der linken Hand), 25.11.–16.12.1912: Schleimbeutelentzündung – operativ entfernt, 24.01. bis 02.02.1913 (Infizierte Wunde am rechten Unterschenkel)".[368]

Für die Kriegsjahre ist in den Akten des Informativprozesses keinerlei ärztliche Behandlung überliefert. P. Alois weiß allerdings von „Heißhunger", unter dem er litt und dem er sich mit großer Selbstbeherrschung widersetzte[369]. Über die Aussage der Vinzentinerin Sr. Gertrudis wissen wir aber, dass er in der Kriegs- und Nachkriegszeit „kränklich und oft müde" war[370]. Ab 1919 häuften sich dann die Krankenhausaufenthalte: Offenbar verlief der Heilungsprozess nach einer Operation und Behandlung eines tiefsitzenden Leistenbruchs in der zweiten Jahreshälfte 1919 nicht gut; es kam zu einer Vereiterung[371]. Für diese Monate ist ein stationärer Aufenthalt vom 07. Juli bis zum 08. September und eine unmittelbar anschließende ambulante Behandlung wegen der Folgen bis zum 29. September belegt[372]. Nach eigenem Bekunden schlug Br. Jordan die Operation aufs Herz: „Bei der geringsten Anstrengung, besonders beim Gehen und Treppensteigen, habe ich Schmerzen in der Brust."[373] Schließlich belegt Br. Balthasar noch eine Behandlung für das Jahr 1920 wegen eines Magenleidens[374]. Dagegen schreibt Jordan in diesem Zusammenhang über einen zweiwöchigen stationären Krankenhausaufenthalt wegen eines dicken Knies[375]. Auch davon scheint ihm etwas zurückgeblieben zu sein. Denn in seinem letzten erhaltenen Brief vom Juli 1921 schrieb er an seine Nicht Anna: „Es geht mir sonst ganz gut, etwas Leiden muß man ja immer haben. Von der Operation habe ich immer noch Nachwehen und Herzleiden. Augenblicklich habe ich Schmerzen am Knie; hoffentlich geht es bald wieder vorüber."[376]

Was lässt sich über Jordans Umgang mit der zunehmenden Kränklichkeit sagen? Dabei gilt das Augenmerk besonders dem Zeitraum ab dem Juli 1919, das heißt nach der mit Komplikationen verbundenen mehrwöchigen Zeit im Krankenhaus. Denn im Nachhinein belegte Jordans Beichtvater P. Canisius, dass er Jordan während dieses Krankenhausaufenthaltes bei den Barmherzigen Brüdern „in aller Ruhe auf den Tod vorbereitet" habe – „auch durch die heilige Ölung"[377]. Das darf als markanter Einschnitt gewertet werden! Zurückgekehrt ins Kloster, fühlte er danach trotz aller Einschränkungen dennoch anscheinend seine Verpflichtung zur Arbeit und versuchte damit die Schwierigkeiten zu überspielen: Im Mai 1920 schrieb er: „Es gibt ja im Kloster schon allerlei zu tun und so schlage ich mich schon ganz gut durch. Wir Ordensleute müssen ja was zu leiden haben."[378] Auf dem Hintergrund der oben beschriebenen medizinischen Maßnahmen scheint es sehr nachvollziehbar, dass sich der schwer kranke Mann dann aber vor allem Gedanken über Leiden in Geduld, Gottergebenheit und einen guten Tod machte. Bemerkenswert bei aller Bezugnahme auf seine ihm wichtigen spirituellen Bezugspunkte in Leiden und Krankheit war, dass er in dieser Lage noch einen Blick

für „Teuerung und Nahrungsmittelarmut" in der sich ver-
schärfenden wirtschaftlichen Lage der Nachkriegszeit hatte: „Alle Kinder leiden an Unterernährung und viele haben
schon Tuberkulose."[379] Die Krankheit führte also nicht zu rei-
ner Selbstbeschäftigung. Etwas weniger als ein Jahr vor seinem Tod rückte für ihn am 1. Mai das Vorbild des heiligen
Josefs, wie er es in den Schriften der Maria von Agreda gefunden hatte, besonders in den Blick. Josef war für ihn der Heilige, der ohne besondere Bußwerke heilig wurde. Für den leidenden Küchenbruder waren vor allem dessen Tugenden attraktiv:
Demut, Herzensreinheit und „blinder Gehorsam", schließlich
„seine Geduld und Sanftmut bei Ertragung von Trübsalen und
Beschwerden".[380]

Orientiert man sich ausschließlich an den Akten, kann weiter
gefolgert werden: Der fromme Laienbruder äußerte ab einem
bestimmten Zeitpunkt auch im Gespräch gegenüber anderen
ganz offen den Wunsch nach dem eigenen Tod. Sein Küchenbaas
Br. Elias sagte aus: „Ich möchte nur erwähnen, dass er ständig
von seinem Tode sprach."[381] Jordan drückte es allerdings anders
aus, indem er meinte, dass er wünsche, in den Himmel zu gehen,
am liebsten an einem Marienfest. „Er wünschte überhaupt, an
einem Muttergottesfeiertag zu sterben." P. Paulinus Köhler berichtete über diesen Wunsch für den 25. März 1919 oder 1920.
Wahrscheinlicher dürfte allerdings 1920 gewesen sein. Die Brüder nahmen Jordan dafür nicht für voll und veralberten ihn.
Denn der „große Tag" kam und ging und Jordan lebte immer
noch[382]. Br. Clementius Wickel berichtete es so: „Er prophezeite
oft seinen Tod, aber es geriet ihm immer daneben."[383]

Auch von Br. Bartholomäus Neuhaus verabschiedete er sich im
Dezember 1921 anlässlich einer Beerdigung (sehr wahrscheinlich
der Beisetzung des am 11. Dezember verstorbenen Br. Eucharius

Franke) in Dortmund mit den Worten: „Br. Bartholomäus, in dieser Welt werden wir uns nicht wiedersehen."[384] Insofern passen die drei überlieferten mehr oder weniger mirakulösen Todesvorhersagen am Sterbetag gut in dieses Verhaltensmuster[385].

Aus einer gewissen Distanz wäre folgender Schluss möglich: Durch die Art, wie der kranke, fromme Bruder mit dem Thema des eigenen Sterbens umging, war möglicherweise für die Mitbrüder im Haus nicht mehr gut zu unterscheiden, was Frömmigkeit und was Mitteilung von ernsthaften gesundheitlichen Beschwerden war. So erklärt sich jedenfalls das Verhalten des Küsterbruders Adolph am Sterbeabend Jordans. Denn der von Jordan selber zur Hilfe gerufene P. Canisius hatte Mühe vom Küster das Krankenöl für die letzte Ölung zu bekommen, weil der zur fortgeschrittenen Stunde nicht aufstehen wollte. Sein ablehnender Kommentar auf die Mitteilung, dass der Mitbruder im Sterben liege, war: „Br. Jordan wollte schon sooft sterben."[386]

Bruder Jordan Mai hatte sich über die Jahre ein außergewöhnliches Maß an Selbstdisziplin und Pflichtgefühl angeeignet. Dieses Merkmal wurde im Informativprozess ausdrücklich abgefragt und praktisch alle Zeugen stimmten darin überein. Das war wesentlich verbunden mit seiner Frömmigkeit. Sein Beichtvater sagte aus: „Br. Jordan war von cholerischem Temperament, liess es aber an der nötigen Selbstbeherrschung nicht fehlen; im Gegenteil: er hatte sich ganz in der Gewalt."[387] Bei allem, was er tat, ließ er sich daher nicht hängen.

Insofern konnten die offen gegebenen Signale, dass er zum Jahreswechsel 1921/1922 wirklich am Ende seiner körperlichen und geistigen Kräfte stand, nur noch von wenigen oder gar nicht mehr wahrgenommen werden. Sehr prägnant ist die Aussage von Br. Capistran Fritschi: „Sein starkes Pflichtgefühl liess

ihn seine Arbeiten unverdrossen verrichten, auch noch nach der
Operation, obwohl es ihm sehr schwer fiel. 4–5 Wochen vor sei-
nem Tode sagte er mir: Br. Capistran, es geht bald nicht mehr.
Aber zu arbeiten hörte er trotzdem nicht auf."[388]

Auch die Familie hatte offenbar schon vorher angefangen, sich
Sorgen um ihn zu machen. Aber sie drangen nicht zu ihm durch.
Die Tochter seines Bruders Bernhard, die Nichte Anna (später
Sr. Jordana) sagte aus, dass ihn die Familienangehörigen dazu
aufgefordert hätten, „um Ausspannung in einem kleineren Kloster zu bitten. Er lehnte solches entschieden ab mit der Begründung, das überliesse er ganz den Oberen."[389] Nur hatten ja die
Oberen in Gestalt von P. Laktantius und P. Eleutherius zuvor
schon vergeblich versucht, ihn von seinen nächtlichen Gebeten
abzuhalten.

In der Biographie von Alois Eilers fällt auf, dass das Kapitel „Das
letzte Lebensjahr" einen größeren Abschnitt enthält, der nicht
durch die Akten des Informativprozesses gedeckt ist[390]. Diese
Schilderungen setzen Jordans Sterben von vorneherein in einen
religiös gedeuteten Rahmen. P. Alois spricht schon für die Kriegszeit davon, dass „Jordans äußeres Wesen und Gebaren mehr und
mehr vergeistigt wurde"[391]. Beschreibung und religiöse Deutung
der Ereignisse verschwimmen.

Das wird nachvollziehbar, wenn mitbedacht wird, wie zusätzlich
religiös aufgeladen der letzte Akt von Jordans Leben war. Das
Drama wurde durch ein Sakrileg in der Klosterkirche eingeläu-
tet, das allgemein für große Aufregung sorgte. Und hier verbin-
den sich die verschiedenen Aspekte in der eh nicht allzu breiten
Quellenlage in fast schon nicht mehr zu entwirrender Weise. Die
zeitlich früheste Hauptquelle der Ereignisfolge ist der Bericht
von P. Eleutherius in der Provinzzeitschrift Vita Seraphica[392]. In

der Weihnachtszeit war in der Franziskanerkirche ein loser Tabernakel in die große Krippe in der Apsis integriert. In der Nacht vom 20. auf den 21. Januar 1922 brachen Diebe in die Klosterkirche ein und entwendeten 12 versilberte Leuchter und den kompletten Tabernakel samt Inhalt, einer Monstranz und einem Speisekelch. Dabei wurden auch in der Messe geweihte Hostien entwendet. Im staatlichen Bereich wurde die Polizei gerufen und Anzeige erstattet. Der Vorgang wurde in die Presse gebracht. Im religiösen Bereich galt solch eine Tat als eines der schwersten denkbaren Verbrechen[393]. In einer Umwelt, wo unter Bezugnahme auf den 1. Korintherbrief des Apostels Paulus ganz konkret damit gerechnet wurde, dass schon ein unwürdiger Kommunionempfang seelische und zeitliche Schäden verursachen konnte, war ein Tabernakelraub eine nahezu unfassbare Katastrophe[394]. Die schockierten Brüder hielten eine neuntägige Sühneandacht. Einen Tag vor deren Ende, d. h. am 28. Januar, wurde der aufgebrochene Tabernakel auf einem Feld gefunden. Die Diebe hatten es vor allem auf die in Edelmetall gearbeiteten Gefäße abgesehen und die Hostien auf dem Feld liegen gelassen. Der demolierte Tabernakel und die Hostien wurden auf einem Karren wieder ins Kloster gebracht, wo die Brüder ihn am Kircheingang mit brennenden Kerzen in der Hand in Empfang nahmen. Am 29. Januar wurde in der Gemeinde ein von vielen Menschen mitgetragenes dreizehnstündiges Sühnegebet abgehalten. Durch die Unterstützung verschiedener Stellen konnte der materielle Schaden wieder ausgeglichen werden.

Wie stellte sich Bruder Jordan zu diesen Vorgängen? Dazu gibt es drei Aussagen:

P. Gualbert Steinkötter kannte Jordan vor seinem Tod nur wenige Monate. Er war im November 1921 nach Dortmund versetzt worden. Im Prozess sagte er auf die Frage, worin sich Jordans

Liebe zu Gott gezeigt habe, aus: „Seine aussergewöhnliche Liebe zu Gott trat wohl am deutlichsten zu Tage in der Zeit, da im Dortmunder Kloster der Tabernakel mit dem Allerheiligsten geraubt war. In dieser Zeit war er so tief unglücklich, dass manche meinen, dieses hätte seinen Tod beschleunigt."[395]

Die zweite Aussage im Prozess stammte von dem Terziarbruder Andreas Mock, der ebenfalls in dieser Zeit nach Dortmund versetzt worden war. Zur Zeit der Befragung im Jahr 1935 weilte er in der italienischen Niederlassung der Saxonia in Nepi Sutri. Deshalb liegt seine Aussage nur auf Italienisch vor:

„Ricordo anche essendosi commesso un furto sagrilego col quale le sagre ostie della chiesa del Convento furono messe in una campagna coperta di paglia, il Servo di Dio offrè la sua vita per il ritotrovamento delle Sagre Ostie, e per la conversione dei Sagrileghi."[396] Er spricht den Gedanken als Feststellung aus, dass Jordan sein Leben als Sühneopfer für die Wiedergutmachung des Raubes angeboten habe. Er berichtet an anderer Stelle auch, dass Jordan während des Zeitraums bis der Tabernakel wiedergefunden worden sei, in der Sakristei auf dem Boden gelegen habe und weinend für die Übeltäter gebetet habe[397].

Der dritte hier erwähnte Bericht ist eigentlich die zeitlich frühste Aussage. Er stammt aus der Provinzzeitschrift der Sächsischen Provinz, Vita Seraphica. Nur einige Seiten nach dem Bericht über den Raub in der Kirche im Jahr 1922 folgte der von Eleutherius Ermert geschriebene Nachruf auf Br. Jordan Mai. Darin findet sich auch ein Abschnitt über den Tabernakelraub:

„Der Raubüberfall in unsere Kirche in der Nacht vom 20. auf den 21. Januar, die Entrüstung aller Gutgesinnten, die feierliche Sühne vor dem Sakramente, die Bekehrung der Sünder bei dieser Gelegenheit, – das alles waren Momente, welche keinem mehr zu Herzen gingen, als Bruder Jordan. Die zunehmende Gottlosigkeit forderte ein gewaltiges Sühneopfer, um den Arm der strafenden Gerechtigkeit zu entwaffnen. Diese in der Kirche Gottes allgemein empfundene Pflicht paßte zu einer büßenden und sühnenden Opfergesinnung. ... Das aber steht fest, daß ihn die Opferidee in den letzten Jahren lebhaft beschäftigte. Er hielt ihre Verwirklichung für notwendig, um an das sühnende Herz Jesu den Anschluss zu finden. Was sollte Bruder Jordan, der alles verlassen, um Christo nachzufolgen, auf dessen Zelle als Privatbesitz nur fünf Briefe sich vorfanden, noch opfern können? Es blieb ihm nur das nackte Leben. Vierzehn Tage vor seinem Tode bemerkte er seinem Oberen, daß er bald sterben werde und dabei schnell auf die Äußerung eines andern, daß er ja nur auf einem Muttergottesfeste sterben wolle, sagte er ,das Fest Mariä Verkündigung erlebe ich nicht mehr'."[398]

P. Eleutherius verband also die häufigen Vorhersagen des eigenen Todes durch Bruder Jordan mit dem Gedanken eines Sühnetodes für den Tabernakelraub.

Nach dem Zweiten Weltkrieg, als sich im Rahmen der Übertragung der Gebeine Bruder Jordans in die Kirche herausstellte, wie beeindruckend groß der Kreis der Verehrer tatsächlich war, gingen in der Vizepostulatur für die Seligsprechung zwei Berichte ein: In ihnen erinnerten sich Zeugen, dass Jordan aktiv ein Sühneopfer für den Tabernakelraub angeboten habe. Bruder Andreas Mock hatte inzwischen den Orden verlassen und gab im Jahr 1953 einen Bericht über seine „Erinnerungen an den Diener Gottes Bruder Jordan Mai" ab. Darin traten unter anderem neben die Episode über die morgendliche Erscheinung von Br. Eucharius Franke Jordans häufig wiederholte Worte nach dem Tabernakelraub: „Möge der liebe Gott mein Leben zu Sühne hinnehmen! Ich schenke mich ihm ganz, damit ich ihn hiermit trösten kann."[399] Mock erinnerte auch, dass Jordan in dem Bewusstsein gestorben sei, dass Gott sein Opfer angenommen habe.

Das zweite Zeugnis stammte von dem ehemaligen Ministranten an der Dortmunder Klosterkirche, Paul Schnelle, der auch noch nach Aufnahme seiner Berufstätigkeit bei der Bahn weiter in der Klosterkirche ministriert hatte. Er gab in einer Zeugenaussage für die Vizepostulatur im Jahr 1952 an, dass Jordan am Tag nach dem Tabernakelraub wörtlich gesagt habe: „Paul, für diesen Gottesraub opfere ich unserem Herrgott mein Leben. Und heute in einem Monat wird er mich holen."[400] In derselben Aussage führte er allerdings aus, dass auch er abends bei dem Lichtbildvortrag von P. Athanasius gewesen sei. Am Ende des Vortrags habe Bruder Jordan ihm gegenüber geäußert, dass er jetzt den verstorbenen Bruder Eucharius neben der Tür stehen sehe. Der winke ihm mit der Palme zu[401]. Also dieselbe Erscheinung, wie bei Bruder Andreas Mock, nur abends.

Sicherlich kann gesagt werden: Das Sakrileg und Jordans Tod standen zeitlich und inhaltlich in einem Zusammenhang. Bei der Frage, wie sich Jordan selber dazu gestellt hat, ist allerdings eine gewisse Behutsamkeit geboten. Es sind mehrere Varianten denkbar: Sehr wahrscheinlich war Jordan zum Jahreswechsel 1921/1922 am Ende seiner Kräfte. So ein Sakrileg war per se geeignet, ihm, der in der Anbetung vor dem Tabernakel das Heiligste und Kostbarste seiner Spiritualität gefunden hatte, vollkommen den Boden unter den Füßen weg zu ziehen. Denkbar ist auch, dass er trotz seines angeschlagenen Gesundheitszustandes seine Sühnegebete angesichts einer schier unermesslichen Beleidigung Gottes nochmals in einem Maße verstärkte, dass es zu einem allgemeinen Zusammenbruch kam. Schließlich würde es tatsächlich zu Bruder Jordan Mai und seiner Frömmigkeit passen, dass er bewusst sein Leben als Sühneopfer dargebracht hat.

Sein ganzes bisheriges Ordensleben hatte dazu geführt, dass es ihm schlicht und ergreifend zuzutrauen war; und wer ihn und seine Frömmigkeit kennengelernt hatte, traute ihm diese Konsequenz auch zu! Nur der Ehrlichkeit halber muss gesagt werden, dass es aus dem Informativprozess dazu keine direkte Aussage Jordans selber gibt. Als erster in die Welt gesetzt hatte diesen Gedanken P. Eleutherius Ermert. Die ersten Aussprüche Jordans dazu sind ab den fünfziger Jahren überliefert. Ein nicht zu bestreitendes Faktum bei all dem bleibt aber: Der fromme Küchenbruder starb genau einen Monat nach Einbruch und Diebstahl in der Kirche, letztlich für alle Beteiligten sehr überraschend, am Abend des 20. Februar 1922 um 23.15 Uhr[402].

Im Prozess wurden die Zeugen gefragt: „Welche Einzelheiten vom Sterben und von den Beerdigungsfeierlichkeiten des D[iener]. G[ottes]. wissen Sie? Was haben Ihnen Augenzeugen darüber erzählt?"

Es liegen Aussagen von 11 Dortmunder Brüdern der damaligen Konventsbesatzung vor. Davon sagten nur fünf aus, dass sie an dem Abend des Todes im Haus waren. Von ihnen hatten dann nur drei, nämlich P. Canisius, Br. Gregor und Br. Bonaventura, in der Nacht direkten Kontakt mit dem sterbenden Mitbruder. Br. Adolf Schräer, der damalige Küster und wichtige Zeuge der Ereignisse, taucht in den Aussagen nur noch indirekt auf, weil er ein Jahr vor Beginn des Informativprozesses verstarb[403].

Die Hauptquelle der Ereignisse ist der Bericht von Jordans Beichtvater P. Canisius[404]. Am Abend des Montags, am 20. Februar 1922, hielt der für Seelsorgetätigkeit aus Neviges kommende P. Athanasius Bierbaum einen Missionsvortrag, der abends

,,Glückselig, die ohne Makel auf dem Lebenswege wandeln im Gesetze des Herrn.'' Ps. 118. 1.

Zum frommen Andenken

an den ehrwürdigen Franziskaner

Br. Jordan Mai

Mitglied des Dortmunder Konventes.

Der Verewigte wurde zu Buer i. W. am 1. September 1866 geboren, trat am 28. August 1895 in den Franziskanerorden, wohnte seit dem Januar 1907 in Dortmund u. starb am 20. Febr. 1922, abends 11 Uhr ohne Anzeichen einer besonderen Krankheit. Losgelöst von allen Anhänglichkeiten an das Irdische, in Gedanken sich nur mit Gott und der Ewigkeit beschäftigend, trat er ganz in den Dienst seines Ordens und opferte sein Leben für das Heil unsterblicher Seelen. Er war ein Gebetsapostel, glühend von Gottes-und Nächstenliebe. Von seinen Ordensbrüdern als Gottesmann geschätzt und verehrt, starb er, den Tod mit Freuden begrüßend.

R. i. p.

Mein Jesus Barmherzigkeit!
Vater unser. Gegrüßet seist du Maria.

Gebr. Lensing. Dortmund. 1112

Totenzettel

gegen 22.15 Uhr endete. Währenddessen hat Jordan möglicherweise eine weitere Ankündigung seines Todes gemacht. Die Brüder beteten einzeln ihr Abendgebet und gingen zur Nachtruhe auf ihre Zellen. Schon um 22.40 Uhr klopfte Br. Jordan seinen Beichtvater aus dem Schlaf und bat ihn darum, „ihn auf die Himmelsreise" vorzubereiten. Ein Einwand von P. Canisius – „So schnell stirbt man nicht." – wurde beiseite gewischt. Offenbar eilte Jordan dann über den ungeheizten Flur zurück in seine Zelle und P. Canisius folgte ihm. Er fand den Mitbruder auf dem Bett liegend vor, der „hatte noch einen Strumpf an", hatte sich also zuvor entweder nicht vollständig angekleidet oder jetzt nur anfanghaft entkleidet. Jordan verlangte nach der letzten Vorbereitung auf den Tod, das heißt nach der Krankensalbung. Offenbar machte Br. Jordans Zustand einen besorgniserregenden Eindruck. Denn der ratlose P. Canisius weckte daraufhin den Zellennachbar, das dürfte Br. Bonaventura gewesen sein. Beide zusammen riefen noch zusätzlich den Pförtnerbruder. Der Zellennachbar, Br. Bonaventura, sagte später aus, dass er „zusammen mit Br. Gregor den schon röchelnden Br. Jordan auf die heizbare Zelle No 7 getragen" und sich mit ihm für die Nachtwache abgesprochen habe[405]. Nicht alle Räume des Klosters wurden beheizt. Zelle Nr. 7 war beheizt und hatte elektrisches Licht. Dort kollabierte der Küchenbruder und verstarb. In den Berichten von P Canisius und Br. Gregor spielte eine große Rolle, ob Jordan noch gültig die Krankensalbung empfangen habe. Hier stimmen die Aussagen von beiden nicht überein. Der eine sagte „ja", der andere „nein"[406]. Die Uneinheitlichkeit kam überhaupt deswegen zustande, weil es Mühe und Zeit brauchte, den Küsterbruder Br. Adolf dazu zu bewegen, aus der Sakristei das Krankenöl zu besorgen. Im Rahmen eines Informativprozesses für eine Seligsprechung war das nun auch bedeutsam, weil das in die kirchliche Bewertung hineinspielen konnte, ob Jordan im Stand der Gnade gestorben war oder nicht. Anschließend wurde der Leichnam dann in der Bibliothek des Konventes aufgebahrt und die restlichen Brüder des Konventes geweckt[407].

Übereinstimmend berichteten die Brüder im Prozess, dass das Gesicht der Leiche Jordans sehr schnell einen friedlichen und ruhigen Gesichtsausdruck trug, der überhaupt nichts Furchterregendes hatte[408].

Heutzutage verwenden Angehörige von Verstorbenen im Trauergespräch in Fällen, wo jemand nach längerem Leiden verstirbt, schon mal die Formulierung: „Er beziehungsweise sie hat es geschafft!" Damit wird die Wahrheit ausgedrückt, dass auch das Sterben für jeden Menschen eine herausfordernde Aufgabe ist, die es zu bewältigen gilt. In diesem Sinne hatte auch Bruder Jordan Mai „es" geschafft; und das im Bewusstsein, in seinem Leben bis zum letzten Augenblick treu mit allen seinen Kräften auf dem „Weg zum Himmel" alles getan zu haben, wozu ihn seine Glaubensüberzeugung verpflichtet hatte. Der Tod zeigte ihm das Gesicht des Erlösers.

Kapitel 8
Der Nothelfer – Beginn der Verehrung

Die erste schriftliche Mitteilung über Jordans Tod an die Umwelt war der Totenzettel für die Beerdigung am Freitag, den 24. Februar 1922[409]. Neben den Lebensdaten wurde hier veröffentlicht, dass Jordan am 20. Februar 1922, abends 11 Uhr „ohne Anzeichen einer besonderen Krankheit" verstorben sei. Weiter wurde ausgeführt: „Losgelöst von allen Anhänglichkeiten an das Irdische, in Gedanken sich nur mit Gott und der Ewigkeit beschäftigend, trat er ganz in den Dienst seines Ordens und opferte sein Leben für das Heil unsterblicher Seelen. Er war ein Gebetsapostel, glühend von Gottes- und Nächstenliebe. Von seinen Ordensbrüdern als Gottesmann geschätzt und verehrt, starb er, den Tod mit Freude begrüßend." Als Überschrift war das Psalmwort ausgesucht worden: „Glückselig, die ohne Makel auf dem Lebensweg wandeln im Gesetze des Herrn." (Ps 118,1)

Der erste gedruckte Text mit einer ausführlicheren Beschreibung und Deutung des Lebens von Br. Jordan Mai erschien schon im Jahr 1922 in der ersten Nummer der Provinzzeitschrift der Sächsischen Franziskanerprovinz, Vita Seraphica. Der Autor war nach eigenem späterem Bekunden P. Eleutherius[410]. Er lieferte die „Skizze eines Heiligenlebens" ab. Denn er war überzeugt, „dass Bruder Jordan alle Tugenden seines Standes in vollkommener Weise geübt hat" Er war regelrecht ein „Held der Tugend" geworden. Diese Tugenden wurden in den weiteren Ausführungen einzeln skizziert. Und auch ein für die weitere Verehrung zunächst wichtiger Topos wurde hier zum ersten Mal angesprochen: „In Dortmund war er übrigens unbekannt, obschon er über fünfzehn Jahre ununterbrochen hier wohnte." Dieser Gedanke sollte sich aber im Laufe der Jahre praktisch in sein Gegenteil verkehren. So staunte P. Alois Eilers vierzig Jahre später: „Irgendwie war Bruder Jordan schon in diesen Jahren, ohne Zweifel durch sein gütiges Wesen an der Pforte, über die Grenzen der Gemeinde, ja, über die Grenzen Dortmunds hinaus bekannt geworden."[411] Auf P. Eleutherius Deutung des Todes Jordans als Sühne für den Tabernakelraub wurde bereits im vorigen Kapitel hingewiesen. Eingeleitet wurde diese Sicht mit: „Sein heiliges Leben fand in einem merkwürdigen Tode eine gewisse Verherrlichung." Der Lebenslauf schloss nicht ohne Pathos: „So sehr wir den Bruder noch vermissen werden in so manchen Nöten, bei so manchen Arbeiten, zu einer Trauerstimmung konnte es im Kloster dennoch nicht kommen; denn wir haben alle das Gefühl: es war ein Heiliger, der uns verlassen [hat]. Christus war sein Leben, Sterben sein Gewinn. Wer ihn gekannt, wird gewiß für ihn, vielleicht noch mehr zu ihm beten! Und unserem Hause und der ganzen Provinz wird er in dieser schlimmen Zeit zum Schutzengel am Throne Gottes werden."[412]

Die Grundlinien dieses Nachrufs finden sich dann auch in der kurzen Mitteilung im Dülmener Missionsblatt vom 12. März 1922: heiligmäßiges Leben, „in der Welt unbekannt, im Kloster aber hochverehrt und geschätzt", Vorhersage des Todes und Sterbestunde einen Monat nach dem Tabernakelraub, merkwürdiges Sterben. Der einzige Unterschied zum Text des Guardians war, dass der herbeigerufene Arzt einen „Herzschlag für die Todesursache" gehalten habe[413].

Bis zum nächsten gedruckten Artikel brauchte es – nach bisherigem Wissensstand – rund 18 Monate. Dann erschien eine Beilage der Düsseldorfer Boulevardzeitung „Mittag" vom 21./22. November 1923. Die Überschrift lautete: „Das Wundergrab auf dem Dortmunder Ostenfriedhof. Am Grabe Bruder Jordans. / Unterredung mit einer Geheilten. / ,Helfen Sie mir in den Himmel gehen.'"414 Dieser Beitrag schilderte bereits eine intensive Verehrung am Jordansgrab durch viele Menschen. „Blumen über Blumen häufen sich auf dem schmalen Rasen. Kerzen brennen vor ihm und ihm zur Seite. Tag um Tag, solange der Friedhof geöffnet ist, stehen und knien Männer und Frauen entblößten Hauptes vor dem Grabe, in Gebet andächtig versunken. ... Viele scharren ein wenig Graberde zusammen, tragen sie sorgfältig heimwärts und bewahren sie als kostbares Heiligtum."415

Was hatte sich in diesem Zeitraum zwischen Tod und dem November 1923 ereignet?

Verblüffend ist immerhin bei der Lektüre von Totenzettel und Nachruf in der Vita Seraphica, dass Jordans Guardian, P. Eleutherius, nur wenige Wochen zuvor in einer internen Korrespondenz Jordan Mai den Aufenthalt in einer Nervenheilanstalt angedichtet und ihn als zukünftige Arbeitskraft abgeschrieben hatte. Weiter ließ und lässt der Gegensatz von dem stillen und unbekannten Klosterbruder des Jahres 1922 und dem Blumenmeer des November 1923 aufmerken. Wie bekannt war Jordan wirklich gewesen? Wer die näheren Umstände kannte, kam nicht daran vorbei, sich zu wundern. Gut möglich, dass P. Eleutherius auch von den Mitbrüdern in diesem Sinne angesprochen wurde. Denn er sah sich vier Jahre nach Jordans Tod zu einem Artikel veranlasst, in dem er den Mitbrüdern in der Provinz die Entstehung der Jordanverehrung darstellte. Dabei reflektierte und verteidigte er das Aufkommen nicht nur, sondern ging sogar in die Offensive und propagierte die Verehrung Jordans als pastorale Chance: „Benutzen

137

wir die Jordanverehrung in unsrer Seelsorge. Das Volk muss angehalten werden, seine Seele erst von Sünden zu reinigen und dem Heiland der Welt in der Eucharistie die Ehre zu geben, bevor es durch die Verehrung des verehrten Bruders ein Wunder erbittet."[416] Diese Linie verfolgte er selber dann sehr konsequent in verschiedenen Schriften[417].

Als zweiter großer Schriftsteller in Sachen Bruder Jordan tat sich ab 1924 auch P. Athanasius Bierbaum hervor, nachdem er in den Dortmunder Konvent versetzt worden war[418].

Das macht es nachvollziehbar, dass die Träger des Informativprozesses dem Verdacht einer künstlichen Förderung des Jordan-Kultes direkt nachgingen. Jeder Zeuge wurde gefragt:

„Interrog. 53. Wie ist es zu erklären, dass der Ruf der Heiligkeit und die Verehrung des D[iener]. G[ottes]. immer mehr zunahmen? Hat jemand etwas getan oder gesagt, um den Ruf der Heiligkeit oder die Verehrung des D[iener]. G[ottes]. künstlich zu steigern? Wieweit erstreckt sich heute die Verehrung? Hat sie seit dem Tode ununterbrochen fortbestanden? Seit wann werden Bilder und Reliquien des D[iener]. G[ottes]. begehrt? Von wem vor allen? Wie kamen die Leute dazu?"[419]

Als Quelle für die Entstehung der Verehrung sind die Aussagen im Prozess bisher noch nicht ausgewertet worden. Eine Durchsicht erlaubt allerdings nicht „die" eine, gültige Antwort, sondern verschiedene Facetten eines Phänomens: Der lokalgeschichtliche Kontext, die Haltung von P. Eleutherius und der Brüder, die Nachfrage nach Andenken und „Reliquien", die Kommunikation über den Tod, die Rolle von P. Athanasius Bierbaum, die Berichte vom Grab und die Gebetserhörungen.

Der Rahmen der beginnenden Verehrung Jordans war bedeutsam! Schon P. Eleutherius hatte es in seinem Nachruf als Thema formuliert. Das Umfeld der beginnenden Verehrung war eine „schlimme Notzeit". Auch Br. Gregor sprach von der „Notzeit" und P. Canisius sprachen vom „in Not befindlichen Volk"[420]. Dahinter steckte die Erfahrung von Inflation und Ruhrbesetzung. Nach dem verlorenen Weltkrieg war die allgemeine Versorgungslage zwar angespannt gewesen, dennoch blieb die Arbeitslosigkeit in Deutschland im Vergleich zu anderen zuvor kriegführenden Nationen zunächst gering. Aber langsam verdüsterte sich die wirtschaftliche Lage. Schon Br. Jordan hatte im Juli 1921 in seinem Brief an die Nicht Anna darüber geschrieben, dass „das Porto hoch steht"[421].

Es gibt ein Hauschronikfragment des Konventes Dortmund. Der besorgte Konventschronist schrieb am 21. Oktober 1921: „O unselige Inflation, wohin bringst du unser Volk? Alle werden noch Millionäre und Bettler zugleich. Wer verursacht dieses Sinken der Zinsen? Aber wenn der Staat schuldenfrei, das Volk bettelarm wird, wer gibt dann dem deutschen Handel im Elend den Kredit, ohne den der Erwerb unmöglich ist?"[422]

Ab 1922 setzte dann jedoch der Niedergang der Reichsmark ein, der sich schließlich zur Hyperinflation steigerte, die erst im November 1923 durch eine Währungsreform beendet wurde. Betrug der Wert des Dollars im Januar 1923 noch 1800 Mark, hatte er am Ende dieses Jahres einen Gegenwert von 4,2 Billionen Mark[423].

Die Lage entwickelte sich endgültig zur Katastrophe für die Bevölkerung, als auch in Dortmund am 15./16. Januar 1923 französische Truppen einmarschierten, offiziell um die Erbringung der Reparationsleistungen aus dem Versailler Friedensvertrag zu gewährleisten; der Kampf gegen die „Ruhrbesetzung" begann. Die Bevölkerung leistete passiven Widerstand, der aber trotz großer Opfer im September 1923 aufgegeben werden musste. Die Folge all dessen war Verelendung: „Im Herbst 1923 ging es im Ruhrgebiet nicht mehr um Löhne und Arbeitszeiten, nicht um linke oder gemäßigte Forderungen, nicht um die Macht im Staate, sondern ums Überleben."[424] Internationale Beschlüsse zwangen die Franzosen schließlich im August 1924 zum Abmarsch und die deutsche Wirtschaft konnte mit Hilfe ausländischer Kredite vorerst wieder auf sichere Füße gestellt werden. Im Oktober 1924 waren jedoch zunächst mal rund „90 % der erwerbstätigen Bevölkerung Dortmunds arbeitslos und 78 Zechen im Oberbergamtsbezirk Dortmund stillgelegt"[425]. Es darf unterstellt werden: Der Kreis der Adressaten jedweder Nachricht – auch der Nachricht über Br. Jordans Tod – bestand am Beginn der Verehrung aus einem anwachsenden Anteil von Menschen, die jede Hilfe brauchten und suchten.

Für die Brüder im Haus selber war Jordans Tod vollkommen überraschend gekommen. Die Lektüre des Totenzettels spricht dafür, dass bei dem Versuch, sich einen Reim darauf zu machen, sie auf die religiösen Muster zurückgriffen, die ihnen selber als Verständnismöglichkeit zur Verfügung standen. Praktisch alle von ihnen waren ja auch in Harreveld geprägt worden! Allen voran sein Guardian P. Eleutherius, der noch während des laufenden Kulturkampfes, also gewissermaßen zur später legendären Hochzeit, in Harreveld in den Franziskanerorden eingetreten war[426]. Bei aller Kritik an seiner „Schwärmerei" hatte Guardian Eleutherius im Dezember 1922 auch Anerkennendes über den Refektorar geschrieben: „Der Bruder besitzt eine große Opfergesinnung, hat dem Hause viel genützt."[427] Grundsätzlich galt P. Eleutherius später als ein um das Haus Dortmund hochverdienter Franziska-

BRUDER JORDAN MAI
WURDE HIER AM 1. SEPTEMBER 1866
ALS HEINRICH MAI GEBOREN.
ER TRAT 1894 IN DEN FRANZISKANERORDEN EIN
UND STARB AM 20. FEBRUAR 1922 IN DORTMUND.
ALS MITGLIED DES GESELLENVEREINS WAR ER
SEIN GANZES LEBEN LANG MIT BUER VERBUNDEN.
DAS VERFAHREN ZU SEINER SELIGSPRECHUNG
LÄUFT SEIT EINIGEN JAHREN.
WIR BETEN FÜR SEINE SELIGSPRECHUNG.

„PAX ET BONUM"

KOLPINGFAMILIE BUER-ZENTRAL
PROPSTEIGEMEINDE ST. URBANUS

Gedenktafel in Buer

ner, der zunächst den Abschluss der Arbeiten an der Kirche im Jahr 1902 und dann die Gründung des Pfarrrektorates betrieben hatte. Die Brüder respektierten und mochten ihn. Dennoch zeichnete ihn, laut Nachruf, ein sehr impulsiver Charakter aus. Der Schreiber des Nachrufs kleidete es in eine Frage: „Darf man vielleicht sagen, daß P. Eleutherius stark unter dem Eindruck schrieb oder sprach, der sich seiner gerade bemächtigte und nur damit zusammen richtig verstanden werde?"[428]. In der emotional aufgewühlten Lage nach dem Tabernakelraub, für den er als Guardian geradezustehen hatte, kam jetzt für P. Eleutherius auch noch das dramatische Versterben eines sehr speziellen Konventsmitgliedes. Es fiel nicht schwer, Jordan bei aller Kritik an seiner betonten Frömmigkeit und Regelobservanz im Detail, grundsätzlich als einen Ordensmann zu sehen, der sich durch treue Regelbefolgung im Dienst für Gott und die Mitmenschen aufgerieben beziehungsweise aufgeopfert hatte und jetzt in die Ewigkeit eingegangen war. Wie zwei Monate zuvor, trug der Guardian auch jetzt einfach ziemlich dick auf, in der Aussage halt nur im gegenteiligen Sinn.

Beginnend mit der Beerdigung kam es allerdings jetzt aus Sicht der Brüder zu einem herausfordernden Phänomen, auf das sie unterschiedlich reagierten. Zur herkömmlichen Herz-Jesu-Frömmigkeit gehörte das Verteilen von Devotionalien[429]. Jordan hatte sich auch darin nicht von seinen Zeitgenossen unterschieden. Jetzt übertrug sich das auf ihn selber. Johannes Lohmann, Jordans Neffe, sagte aus, dass er auf der Beisetzung des Onkels gewesen sei. Dann fuhr er fort: „Bei der Beerdigung war nichts Auffälliges zu bemerken. Ich erinnere mich aber schon am Beerdigungstage gehört zu haben an der Klosterpforte, dass man Reliquien begehrt hat."[430] Ein gesteigertes Interesse an Andenken wird auch durch den damaligen Pförtner, Br. Gregor direkt und durch Br. Nicasius indirekt belegt: „Schon in der Zwischenzeit zwischen Tod und Beerdigung kam ein Mann zu mir und verlangte ein Andenken an Br. Jordan. Nach seinem Tode wurden öfter solcher Andenken verlangt. Ich habe grundsätzlich erst nach Jahren solche ausgegeben. Wohl hat P. Canisius solche ausgegeben, aber doch wohl nur an seinen ziemlich kleinen Bekanntenkreis."[431]

Es ist unklar, wie groß dieser „Bekanntenkreis" des P. Canisius wirklich war. Jordans ehemaliger Beichtvater stand im Informativprozess ganz offen dazu. Er sagte aus: „Bilder und Reliquien hat man schon bald nach seinem Tode begehrt. Ich selbst habe kleine Stückchen beziehungsweise Fädchen von seinem Sterbehabit verbreitet – in Papierhüllen mit meiner eigenen Authentik versehen. Nicht nur Frauen, auch Männer haben diese erhalten."[432] Eine ganze Reihe Zeugenaussagen stimmen darin überein, dass die Initiative von den Verehren ausging, aber P. Canisius der Hauptakteur bei der Verteilung von Habitstückchen war[433]. Diese Praxis blieb nicht unwidersprochen. Für die Klostergemeinschaft belegte P. Paulinus: „Ich habe mich bei Mitbrüdern des öfteren – nicht gegen die Verehrung des Br. Jordan – aber gegen die Art des Verteilens durch P. Canisius missliebig ausgesprochen. Auch andere Mitbrüder haben sich in ähnlicher Weise ausgesprochen."[434] Offenbar verbot der Guardian P. Eleutherius die Verteilung sogar, weil sich die Priester im Stadtdekanat Dortmund darüber beklagten[435]. Schließlich kam es im November 1923, vermittelt über das Erzbistum Paderborn bei Provinzial Raymund Dreiling, zu einem Hinweis durch einen anonymen Dortmunder Pfarrvikar auf das Verteilen von Reliquien durch die Franziskaner. Das ist nach bisherigem Kenntnisstand der früheste schriftliche Beleg für die Jordanverehrung. Dem Beschwerdebrief war eine „Reliquie" beigefügt: „Siegel des Franziskanerklosters Dortmund; ein 1 qcm grosses Stückchen Habittuch; „De habitu in quo venerabilis servus Dei Fr. Jordanus

O. F. M. in conventu Tremoniensi obiit die 20.II.1922".[436] Dreiling erbat sich Auskunft vor Ort und versuchte die Brüder zu mäßigen[437]. Als Grund für das Verteilen sagte P. Eleutherius im Prozess aus: „Der P. Canisius ist dazu gekommen, weil die Leute Erde und Blumen vom Grabe des Br. Jordan mitnahmen."[438] Das deckt sich mit der Stellungnahme P. Eleutherius an seinen Provinzial vom November 1923. Darin erklärte er, dass die Brüder zunächst die Anfrage von Reliquien seitens Außenstehender abgelehnt hätten, dann seien aber Erde, Blumen und Ziersträucher vom Grab geraubt worden[439].

Wegen der anfänglichen Zurückhaltung der Brüder war die „Suche" nach Andenken von Br. Jordan also schließlich gewissermaßen an seinem Grab gelandet. Es bildete sich zum Ärger von Brüdern und mancher Besucher des Grabes der Brauch aus, einfach Graberde mitzunehmen; und zwar in erheblichem Ausmaß! Gärtnerbruder Capistran sagte aus: „Ich habe als Gärtner das Grab Br. Jordans pflegen müssen, habe oft beobachten müssen, wie Leute Erde vom Grab mitnahmen – das war schon einige Wochen nach dem Tode –; Ich habe dann auch die Erde wieder ergänzt."[440] Schließlich nahm das solche Dimensionen an, dass ein Gitter vor das Grab gesetzt wurde[441].

Das Verteilen der Stücke vom Habit Jordans erscheint in P. Eleutherius Aussage als der Versuch, das Grab zu schützen. Er habe außer seinem Nachruf, zu dem er inhaltlich stehe, weiter nichts unternommen und stillgehalten. Auch, weil in Dortmund „dergleichen Andenken an Emmerick und andere Personen, die im Rufe der Heiligkeit starben verbreitet werden, ohne, dass sich jemand darum kümmert". Auf die Beschwerde eines Dortmunder Geistlichen sei seitens des Klosters „die Verteilung von Andenken" unterblieben[442]. Es ist in einigen Aussagen dokumentiert, dass später auch Jordanbilder durch terminierende Franziskanerbrüder oder per Ausgabe im Buchladen in Buer verbreitet wurden. Das war dann sicherlich schon bewusste Werbung für Br. Jordan. Im Anfang war eine solche Praxis dennoch mit hoher Wahrscheinlichkeit auch der Versuch, die ungezügelte und auf Dauer für das Kloster kostspieligere Nachfrage nach Graberde umzuleiten[443]!

Eine besondere Rolle spielte beim Beginn der Verehrung, wie über Jordans Tod und sein Leben gesprochen wurde. Die Bedeutung dieser Erzählung wurde von vielen Zeugen als entscheidend gewertet: P. Ubald Michels sagte zum Beispiel: „Ich habe den Eindruck, dass erster Anlass zur Verehrung Br. Jordans gewesen ist das Bekanntwerden der seltsamen Umstände seines Todes."[444] Wie verbreitete sich diese Nachricht?

Im lokalen Bereich spielte Mundpropaganda eine wichtige Rolle. Sr. Gertrudis, die Vinzentinerin aus dem Hüttenspital schilderte es so: „Am Morgen nach dem plötzlichen Tode von Br. Jordan las der alte heiligmäßig verstorbene Pater Ruppert bei uns die hl. Messe und sagte mir nach derselben: ‚Heute Nacht ist bei uns ein Heiliger gestorben. Denken Sie mal: Bruder Jordan ist tot.' Er erzählte dann den Hergang, wie er allgemein bekannt ist."[445] Laut Schematismus muss es sich dabei um P. Rupert Müller (1862–1931), Konventsmitglied bei den Franziskanern, gehandelt haben[446].

Die Ordensschwester ergänzte dann: „Am 1. oder 2. Tage nach der Beerdigung erzählte uns der Pater, der bei uns die Messe las: ‚Denken Sie mal, das Grab von Br. Jordan ist von Menschen belagert.' Daraufhin gingen auch unsere Schwestern, die Mädchen und Kranke aus dem Hause zum Grabe. Auch ich bin einmal hingegangen. Wie das Pilgern zu seinem Grabe zu erklären ist, weiss ich nicht."[447]

Die Schwestern kannten Jordan aus dem persönlichen Verkehr und hatten ihn als einen frommen Ordensmann kennengelernt. Das genügte, um sie in Bewegung zu setzen. In jedem Fall erscheinen hier Jordans Mitbrüder als die Erstinformanten im lokalen Kontext und ihre Berichte führten zu einem Besuch des Grabes. Wichtig ist diese Aussage allerdings auch, weil sie verdeutlicht, wie die Nachricht vom Sterben Jordans bei Menschen im Dortmunder Umfeld ankam. Gerade durch die Kriegszeit, wo Jordan in mancherlei Hinsicht selber Kontakt mit Menschen über das Kollektieren, die Pforte und die Sakristei hatte, dürften das doch so viele gewesen sein, dass P. Eleutherius Rede vom in Dortmund „völlig unbekannten Bruder" eher pathetisch überzogen war.

Der Einfluss des gedruckten Lebenslaufes und der Mitteilung im Missionsblatt kamen als Faktoren dazu. Denn in Jordans Heimat Buer kam die Information an über Jordans Sterben durch den oben erwähnten Bericht im Dülmener Missionsblatt und Familie Mai selber. Offenbar hatte Jordans Bruder Bernhard die schon früher übliche Verteilung des Missionsblattes fortgesetzt. Das lässt sich aus den Zeugenaussagen von Karl Heege und Heinrich Grosse-Pawig rekonstruieren. Bauer Heege sagte aus: „Ich hatte seit seinem Eintritt ins Kloster nichts mehr von ihm gehört, da ich weit entfernt wohne, bis ich 4 Wochen nach seinem Tode in der Zeitung las, dass er im Ruf der Heiligkeit gestorben sei. Ich war sehr überrascht, wenn ich auch immer überzeugt war, dass er ein guter, frommer Mann gewesen war. Es sind auch Leute bei mir gewesen, die mir von der Verbreitung seiner Verehrung berichtet haben und mir auch einmal Erde von seinem Grabe mitgebracht haben."[448] Echtes Lokalkolorit atmet die Aussage des ehemaligen Schulkameraden, dem Anstreichermeister Johannes Meyer: „Ich hörte zuerst davon von seinem Bruder Bernhard und habe gestaunt, als er sagte: ,Use Hinerk wird hillig gesprochen" – worauf ich ihm erwiderte: ,So ilig geht dat nicht.'"[449]

In Buer wurde Jordans Tod jedenfalls Gesprächsthema; viele kannten ihn aus der Schulzeit und durch seine Arbeit als Sattler, bei der er ja viel herumgekommen war. Ausgehend von der Familie verbreitete sich jetzt gerade in diesem Umfeld auch die Nachricht von „seinem heiligmäßigen Leben und Sterben"[450]. Das mobilisierte die Leute.

Dass Schicksal hatte es zusätzlich gefügt, dass am Tag beziehungsweise in der Nacht von Br. Jordans Tod P. Athanasius Bierbaum im Haus gewesen war und einen Exerzitienvortrag hielt. In ihm fand die Geschichte des Todes möglicherweise den eifrigsten und eigenwilligsten Verbreiter[451]. Bevor er sie im Jahr 1924 gedruckt herausgab, hatte er seine Fassung der Geschehnisse offenbar mehrfach gepredigt und in Exerzitienvorträgen verwendet. P. Paulinus Köhler erwähnte auf die Frage nach dem Aufkommen der Verehrung neben dem Verteilen von Habitstücken durch P. Canisius: „P. Athanasius [hat] öfter über seinen erbaulichen Tod gepredigt."[452] Bierbaum tat sich als Volksschriftsteller hervor, die Brüder schätzten ihn ob seines Fleißes, gleichwohl bescheinigte ihm der Nachruf die Eigenart „einer eigenwilligen Schaffenskraft, die jede Anregung lebhaft aufgriff und rücksichtslos verfolgte"[453]. Dort ist auch sein besonderer Anteil am Wachsen der Verehrung Bruder Jordans durch seine Veröffentlichungen ausdrücklich erwähnt. Im Brief vom November 1923 an seinen Provinzial belegte Guardian Eleutherius, dass P. Athanasius aber schon zu diesem Zeitpunkt von der Kanzel herab „Propaganda" für Br. Jordan gemacht hatte und machte. Gewunden bat er seinen Provinzial darum, den Mitbruder, der „in Dingen, welche er für objektiv recht hält, sich nicht gern an Schranken bindet" aufzufordern, sich zurückzunehmen. Denn „wenn schon die Bischöfliche Behörde gegen eine solche Darstellung nichts einwendet, so kann an dergleichen Ausführungen die Fama weiterspinnen und von Hörde bis Dortmund wird schon recht viel dazu gedichtet"[454].

Ein weiterer wichtiger Baustein für die beginnende Jordanverehrung waren die Berichte vom starken Zulauf ans Grab.
Für den Start des Zulaufs aus Buer repräsentativ ist die Aussage von Johannes Haag: „Kurz nach seinem Tode verbreitete sich in Buer – ich weiss nicht wie – der Ruf der Heiligkeit.
Viele Leute gingen damals zum Grabe, auch ich – mehr aus Interesse an einem alten Bekannten. Ich traf wohl 5–6 Leute damals am Grabe, die nicht aus Buer waren. Die meisten Leute
aus Buer sind damals wohl mehr aus Interesse zu ihrem Lands-
mann hingegangen."[455] Viele Zeugenaussagen aus Jordans Hei-
matort belegen, dass die ursprüngliche Motivation Neugierde
gewesen sei und man vor Ort überrascht war, trotz Wind und
Wetter dort immer andere Menschen zu treffen. Und das wurde dann wieder zu Hause erzählt. Daraufhin gingen auch andere ans Grab[456]. Die Berichte enthielten dann teilweise Schilderungen von der Gebetsatmosphäre:

„Ich bin zweimal am Grab gewesen und habe immer Leute dort
getroffen – so andächtig, als wenn sie vor der Mutter Gottes
in Kevelaer knieten."[457] Früher oder später wurde das Grab selber mit dem Thema Heiligkeit verbunden. Dem Bauer Heinrich Grosse-Pawig aus Buer wurde auf dem Ostfriedhof ent-
gegnet, als er nach dem Weg fragte: „Sie wollen also zu dem
Heiligengrab?"[458]

Neugierde und Sensationslust waren aber nur ein Teil, der die
Leute motivierte, das Grab aufzusuchen. Unabhängig voneinander benannte eine umfangreiche Gruppe von Zeugen im Informativprozess den Grund für die beginnende Verehrung mit
demselben Wort: Gebetserhörung[459]! Darunter zählen in den
Akten des Informativprozesses noch nicht mal die zwölf Zeugen, die für zwei konkrete Gebetserhörungen selber befragt
worden waren.

Grabstelle

An dieser Stelle kann das Ja oder Nein, ob es sich um Gebetserhörungen gehandelt hat, nicht erörtert werden. Allerdings kann
etwas darüber gesagt werden, was die Zeugen dazu äußerten,
warum man dazu kam, sich an Bruder Jordan um Hilfe zu wenden.

Eine schlüssige Erklärung für die Idee, Bruder Jordan um seine
Hilfe anzugehen, fanden für sich die beiden Laienbrüder Br. Capistran und Br. Bonaventura:

Br. Bonaventura sagte aus: „Meine Tätigkeit als Anstreicher gab
mir wenig Gelegenheit, mit den Leuten zu sprechen und Vor-
kommnisse zu beobachten. Ich kann daher auch nicht sagen, wer
zuerst die Verehrung aufgebracht hat: ob Frauen oder Männer.
Eine Erklärung habe ich mir dadurch gegeben, dass ich mir sagte:
Wenn Br. Jordan schon zu Lebzeiten angegangen wurde von den
Patres um Gebetshilfe, mögen diese auch wohl später hier und da
gesagt haben: Wenden Sie sich mal an Br. Jordan."[460]

Br. Capistran konkretisierte das noch: „Nach meiner unmass-
geblichen Meinung, muss P. Canisius, der sein Innenleben als
Beichtvater noch besser kannte als wir, wohl öfter Beichtkindern
und Kranken die Anrufungen zu Br. Jordan empfohlen haben.
Daraus und aus den angeblichen Gebetserhörungen erkläre ich
mir die Entstehung des Rufes der Heiligkeit."[461]

Der Logik dieser Aussagen kann man gut folgen. Jordan war für
seine Mitbrüder zeitlebens der Ansprechpartner für Gebete gewesen, wenn es um schwierige pastorale Missionen ging. Beein-
druckt durch die Umstände seines überraschenden Todes und
in der Überzeugung, dass er als Ordensmann seinen Weg zum
Himmel konsequent vollendet hatte, empfahlen einige von diesen Patres, sicherlich aber P. Canisius, Jordan als Gebetsadresse.

Aus dem Nachruf des jahrelang in Dortmund stationierten Polenseelsorgers, P. Ubald Michels, wird ersichtlich, dass er seine Bitte um Gebetsbeistand, die er schon zu Jordans Lebzeiten in Anspruch genommen hatte, auch nach dessen Tod pflegte. Er wurde nach dem Krieg in der Pfarrei Hagen in eine öffentlich angesetzte, schwere Konfrontation mit einem nach seinem Ordensaustritt als Franziskaner mittlerweile bekennenden Atheisten gezwungen. Von Natur aus eher schüchtern, hatte er erst spät Eigenstand in der Seelsorgspraxis gefunden. Am Abend vor der Großkundgebung geriet er in seelische Not und beauftragte zwei Mitbrüder „ein Kreuzgebet zu Ehren des Bruder Jordan zu halten"[462].

Sehr schnell reicherten sich die Berichte vom heiligmäßigen Leben und vom merkwürdigen Tod mit Erfahrungsberichten über Gebetserhörung an. Jordans Neffe, Heinrich Lohmann, sagte es so:

„Für die starke Verehrung des Br. Jordan finde ich einen ganz natürlichen Grund in dem Weitererzählen von Mund zu Mund, insbesondere in dem Weitererzählen der wirklichen und vermeintlichen Gebetserhörungen. Ich halte es für ausgeschlossen, dass die Sache künstlich gemacht ist."[463]

Jordans Guardian P. Eleutherius brachte es für das Jahr 1923 auf den Punkt, wie die Franziskaner im Dortmunder Konvent das Thema zu diesem Zeitpunkt behandelten:

„Ich möchte noch zu den ‚Wundern' des Bruder Jordans etwas bemerken. Wir haben dieses Wort ‚Wunder' nicht gebraucht. Auch nicht P. Canisius u. P. Athanasius, die wohl dem ‚Kult' des Br. J. näher stehen, als die anderen. Im Kloster hier ist man vom heil. Lebenswandel des B. J. überzeugt; im übrigen denkt man: lasst die

Sache ihren Weg gehen; kommt sie von Gott, kann man nichts dagegen ausrichten, kommt sie von den Menschen, wird sie in unserer schnelllebigen Zeit bald verschwunden sein." ... „Bruder Jordan war ein Heiliger – seine private Verehrung ist eine subjektive Sache – objektiv wollen wir alles vermeiden, was derselben hinderlich und dienlich ist; also wir überlassen es dem Volke darüber zu urteilen. In seinem Gefühle offenbart sich oft mehr das Wirken des Hl. Geistes, als im Übereifer oder in der Angstmeierei. Der ungläubigen Welt kann es Gottes Geist niemals recht machen."[464]

Als der Guardian des Dortmunder Franziskanerklosters diese Zeilen schrieb, war aber bereits ein tiefes Vertrauen in die Zuverlässigkeit von Gebeten auf die Fürbitte in Bruder Jordan Mai entstanden. Der ehemalige Schulkamerad und Schneidermeister aus Buer, Heinrich Klaas, sagte es kurz und bündig: „Das Grab wird aufgesucht, weil die Leute Hilfe von ihm erwarten."[465]

Der Franziskanerbruder Jordan Mai war und ist einer, von dem sich „die" Leute Hilfe erwarten. Offenbar war spätestens bis November 1923 an seinem Grab eine Anlaufstelle entstanden, wo sehr viele Menschen mit ihren Anliegen leicht Anschluss fanden. Das verstärkte sich noch, als mehr Details seiner Biographie veröffentlicht wurden, weil sich darin Menschen wiederfinden konnten.

Norbert Busch hat in seinem Grundlagenwerk über die Herz-Jesu-Verehrung in Deutschland zwischen Kulturkampf und Erstem Weltkrieg das Lebensgefühl der Katholiken dieses Zeitraums mit den Oberbegriffen „Depressivität, Defensivität beziehungsweise Demonstrativität und Antimodernität" charakterisiert. Er hat dabei den Anteil der geistlichen Verantwortungsträger für die Verbreitung und die Formen der Herz-Jesu-Frömmigkeit als Massenphänomen nachgezeichnet. Seiner Überzeugung nach ist das Aufblühen dieser Frömmigkeit „Ergebnis einer konzertierten Aktion der kirchlichen Hierarchie".[466]

Ein Blick auf die Biographie des Bruder Jordan Mai ergänzt dann aber doch eine wichtige weitere Perspektive. Heinrich Mai, beziehungsweise der Franziskaner Br. Jordan Mai, war sicherlich auch ein typischer Vertreter der Frömmigkeit, wie Norbert Busch sie beschrieben hat. Nur macht die Biographie dieses einfachen Ordensmannes auch die Turbulenzen anschaulich, die die gesamte Gesellschaft in der zweiten Hälfte des 19. Jahrhunderts durchmachen musste. Ständige Neuorientierung und Suche nach Halt waren fast Tagesgeschäft! Das spielte sich in einem Klima eines sich immer weiter radikalisierenden und aggressiver gestaltenden sozialen, religiösen, politischen und wirtschaftlichen Umfelds in Deutschland ab. Kann man nicht auch sagen, dass die weit verbreitete depressive Grundstimmung im deutschen Katholizismus dieser Tage nicht zuletzt aus der seelischen Verarbeitung vieler Trauerprozesse über den Verlust von äußerer und innerer Heimat herrührte? Jordan stach angesichts dieser Umbrüche als ein vollkommen unaggressiver und friedfertiger Mensch hervor; einer, der durch Verhalten und Gebet im Rückgriff auf althergebrachte Ordnungsvorstellungen zu ordnen versuchte, was ihm die Zeit zumutete. Die Herz-Jesu-Frömmigkeit half ihm bei der Bewältigung. Darin war er selber besonders konsequent, durfte sich aber an der Seite vieler Bewohner des Ruhrgebietes fühlen. Ihn hob gleichzeitig aus der Masse hervor, dass jedem, der dem frommen Küchenbruder begegnete, klar wurde, dass es ihm nicht allein darum ging, die eigene Seele zu retten, sondern auch die der ihn umgebenden Menschen.

Kapitel 9
Zugänge zu Jordan, dem Franziskaner

Schaut man abschließend darauf, wie sich seine Verehrung entwickelte, fällt auf, wie sich die Maßstäbe dafür verschoben, was mit seiner Geistigkeit oder Spiritualität verbunden wurde[467]. Die Perspektive der eigenen Mitbrüder setzte lange Zeit einen Akzent auf das außergewöhnliche Tugendleben Jordans. Damit durften sie sich ja durchaus in der Tradition dessen fühlen, was Jordan sein ganzes Leben lang zu leben versucht hatte. Ganz in diesem Sinne fasste im Jahr 1945 der Verfasser des Beitrags „In der Schule der Heiligkeit. Von Bruder Jordan und seinem Novizenmeister" den Franziskanerbruder aus Buer als einen Ordensmann, der das Ideal der Berufung zur Heiligkeit vollkommen umgesetzt hatte. Das bedeutete ein „stetes Mitsterben" mit dem leidenden Herrn Jesus in „treuer Beobachtung der franziskanischen Armut, des klösterlichen Gehorsams und (...) durch strenge Abtötung gehütete Keuschheit."[468]

Vielleicht sitzt in dieser Sicht auch einer der wesentlichen Gründe dafür, dass die eigenen Mitbrüder mit ihm als Vorbild im Laufe der Jahre zunehmend „fremdelten"? Joachim Schmiedl warf im Jahr 2010 in der Provinzgeschichte der Sächsischen Provinz die Frage auf: „Ist er der ‚Provinzheilige', dessen Vorbild den gegenwärtigen und zukünftigen Aufgaben der Brüder entspricht?"[469]

Die Antwort ist ambivalent. Einhundert Jahre nach Jordans Tod wird erkennbar, was die Zeitgenossen noch nicht in seiner Bedeutung ermessen konnten. Schon zu Jordans Lebzeiten gab es Spuren dafür, dass sich auch innerhalb des Ordens die Maßstäbe für das bisher gewohnte Ordensleben zu verändern begannen. Zum Beispiel hatte der Erste Weltkrieg in Einzelfällen die hierarchische und mitunter als sakrosankt gewertete Ordnung umgekehrt, indem Laienbrüder an der Front zu Feldwebeln und damit in den Unteroffiziersrang befördert worden waren. Sie waren also im militärischen Rang höher als manche Patres. Außerdem war bei den Kriegsteilnehmern der Geldgebrauch vollkommen normal geworden. Die Plausibilität für die selbstverständliche Zweiteilung beziehungsweise Vorordnung von Patres und Laienbrüdern oder das Verbot des Geldgebrauchs begann porös zu werden[470]. Der hellsichtige Historiker, Franziskaner und Provinzial der Bayerischen Franziskanerprovinz, P. Heribert Holzapfel, hatte bereits auf dem Generalkapitel des Minderbrüderordens im Jahr 1915 erfolglos versucht, darauf aufmerksam zu machen, dass das herkömmliches Verständnis der Ordensregel in eine Krise zu kommen drohte[471]. Fast zeitgleich setzte außerdem ein Prozess der Neu-Entdeckung des Ordensvaters Franziskus ein. In Deutschland löste das Erscheinen der Franziskusbiographie des Dänen Johannes Jörgensen im Jahr 1908 einen Impuls für die Herausgabe historisch verlässlicher Biographien des Ordensvaters aus[472].

Nach dem Zweiten Weltkrieg griff man auch in der Sächsischen Provinz zunächst auf Jordan als ein vertrautes Vorbild von Bewährung im Ordensleben zurück. Erst auf dem Generalkapitel des Minderbrüderordens im Jahr 1967 im Anschluss an das Zweite Vatikanische Konzil (1962–1965) entfalteten die neuen Bezugspunkte eine Breitenwirkung im Minderbrüderorden. Der Diener Gottes Br. Jordan Mai musste aus dieser Perspektive innerhalb des Ordens bei den in dieser Zeit jüngeren Brüdern wie der Gewährsmann einer überholten, rückständigen und zu überwindenden Spiritualität erscheinen. So diagnostizierte ein in Dortmund wirkender Franziskaner im Rahmen des Neuanfangs der Franziskaner in Dortmund-Scharnhorst im Jahr 1968 für die eigene Provinz eine „monastische Verfremdung unserer Lebensform" von der es sich bewusst abzusetzen gelte[473].

Allerdings bot und bietet sich im Umgang mit Br. Jordan Mai ebenfalls schon früh eine andere, weiterführende Akzentsetzung an. Auf dem Jordansgrab wurde im Jahr 1926 ein eigenes, neues Grabkreuz aufgestellt, laut P. Alois auf Veranlassung eines unbekannten Verehrers. Es trug neben den Lebensdaten ein leicht abgewandeltes biblisches Zitat aus dem Zweiten Makkabäerbuch: 2 Makk 15,14. Die Aufschrift lautete: „Der Freund der Menschenbrüder, der viel für Volk und Stadt betet."[474] Ein Journalist der katholischen Lokalzeitung „Tremonia" kommentierte den Massenauflauf am neunten Jahrestag von Jordan Mai am 24. Februar 1931 mit den Worten: „Ja, der neunte Gedenktag des Bruders Jordan hat es wieder deutlich gezeigt, dass er der schlichte Sohn des schlichten Volkes geworden ist, und wohl um seiner Schlichtheit willen". Danach zitierte er besagte Kreuzesaufschrift aus 2 Makk[475]. Bruder Jordan wurde vor allem von seinen Verehrerinnen und Verehren als einer gesehen, dem gleichzeitig Gottes- und Menschennähe zugetraut wurde: heilig, aber nicht über die Alltagssorgen erhaben und dadurch nahbar.

Diese Sicht auf Jordans Leben entfaltete einige Jahre später Hans Hümmler in dem Buch Helden und Heilige. Dort schlug der Autor als Deutung des Jordanlebens vor, dass die Industriearbeiter in „Bruder Jordan ihr eigenes Los verkörpert und zugleich geheiligt" sehen konnten. „Denn auch er war arm wie sie, auch er hatte rissige Hände von der groben Werktagsarbeit wie sie, auch er hatte sein Leben lang fremden Befehlen gehorcht, auch er hat schweigsam und in Gottes Namen seine Pflicht getan, ohne Dank zu beanspruchen und zu ernten. Heiligkeit setzt heroische Tugendübung voraus. Die Männer aber, die achthundert Meter unter Tage um ihre Existenz, um das Wohl ihrer Familie, um die Freiheit des Glaubens und das Recht der Kirche kämpfen, die Garde Christi im Schlotenland, glaubt fest an einen Heroismus der Pflichterfüllung auch ohne augenfällige Zeichen und Wunder. Das schlägt die Brücke zwischen diesen Industriemenschen und dem dienenden Klosterbruder."[476]

Jordans Lebensweg wurde geprägt durch das Aufkommen einer Massenkultur, in der das Individuum verschwand. Er selber war einer aus der unübersehbaren Masse der kleinen Leute in der zweiten Hälfte des 19. Jahrhunderts. Und er gab dieser Masse ein Gesicht. Er hatte erlebt, was viele erlebt hatten und erlebten; einen schwindelerregenden Umbruch der vertrauten Welt in all seinen Facetten: geboren im Preußen des deutschen Bundes, Zeitzeuge der Gründung des Kaiserreiches, Schüler im Kulturkampf, Lehre und Berufstätigkeit im Kontext der industriellen Revolution, Militärzeit unter den Vorzeichen von Kaiserzeit und Klassenkampf, wiedererstarkendes Ordensleben als moderne Alternative, strengkirchliche Frömmigkeit als Anker in Weltkrieg und turbulenter Nachkriegszeit. Allerdings war er eben keiner der führenden Akteure oder Intellektuellen gewesen, sondern einer, der mit den alltäglichen Folgen des großen Geschehens zurecht zu kommen versuchte. Das machte ihn für viele zum Gewährsmann dafür, dass dieses Leben in seinen Banalitäten bei Gott gesehen wurde – und wird.

Diese Rolle war keiner strategischen Planung geschuldet, sie war ihm zugewachsen. Und doch wurde dadurch genauso der überzeitliche, charakteristische franziskanische Gedanke, der „Nähe zu den Menschen" in hohem Maße verwirklicht.

Eine Spiritualität, die Zuspruch und Aufforderung zugleich enthält, wie in der Bergpredigt verheißen: „Selig, die arm sind vor Gott. Denn ihnen gehört das Himmelreich."

Endnoten

[1] Eilers, Bruder Jordan., 5.
[2] Vgl. Grosse Kracht, Das ‚Katholische Feld‘, 53. Vgl. auch: Arbeitskreis für kirchliche Zeitgeschichte.
[3] Vgl. Fleckenstein, Franziskaner im Rheinland.
[4] Vgl. Meiwes, Arbeiterinnen des Herrn.
[5] Vgl. Schmiedl, Geschichte der Sächsischen Franziskanerprovinz.
[6] Vgl. allerdings für die Kapuziner: Kuster, Konrad von Parzham.
[7] Zeugenaussage Eduard (P. Georg) Axmacher, Informativprozess, 205.
[8] Zeugenaussage Hermann König, Akten des Informativprozesses, 130–132.
[9] Vgl. Beer, Welt.1, 3–6.
[10] Meinert, 1000 Jahre Buer, 6–8. Vgl. auch: Beer, Buer, 11–13.
[11] Vgl. ebd.,
[12] Taufschein vom 03. September 1866 aus dem Kath. Pfarramt Buer, in: Informativprozesses, 444.
[13] Kirchenführer Gelsenkirchen-Buer. Propsteikirche St. Urbanus. 2. neu bearbeitete Auflage, Regensburg 2018, 21–22.
[14] Vgl. Vöge, Johann Heinrich Lappe. Pfarrer an St. Urbanus Buer (1820–1878), 118–130.
[15] Vgl. Meinert, 1000 Jahre Buer, 13 f.
[16] Vgl. Zeugenaussage Heinrich Görtz, Informativprozess, 66: Heinrich Mai half beim Ackern, indem er Kartoffeln auflas.
[17] Vgl. Beer, Welt.1, 6.
[18] Wenner, Bruder Jordans Elternhaus, 4–7.
[19] Vgl. Meinert, 1000 Jahre Buer, 20. Vgl. auch: Beer, Welt.3, 4 f.
[20] Vgl. Vauseweh, Die Pfarrei St. Urbanus Buer, 150.
[21] Vgl. Beer, Welt. 2, 6–10.
[22] Vgl. zu all dem: Meiwes, Arbeiterinnen, 69–72; 248. Vgl. auch: Lill, Länder des Deutschen Bundes, 392–408.
[23] Vgl. ebd., 69–72.
[24] Vgl. ebd., 263.
[25] Vgl. Grosse Kracht, Das ‚Katholische Feld‘, hier: 53. Vgl. auch: Arbeitskreis für kirchliche Zeitgeschichte.
[26] Vgl. Zeugenaussagen Informativprozess: Heinrich Görtz, 66f; Johann Halbeisen, 73; Wilhelm Gierig, 78. Heinrich Neukirchen, 89. Vgl. auch: Schürmann, Werl, 69.
[27] Vgl. Zeugenaussage Haver Mihsler, Informativprozess, 70.
[28] Vgl. Zeugenaussagen Informativprozess: Heinrich Görtz, 66f; Johannes Haag, 85.
[29] Vgl. Zeugenaussage Johannes Haag, Informativprozess, 85.
[30] Vgl. Zeugenaussagen Informativprozess: Johannes Meyer, 93; Maria Wischerhoff, 118.
[31] Vgl. Zeugenaussagen Informativprozess: Bernhard Mai, 229; Sr. Maria Olivia (Antonetta) Mai, 243–251.
[32] Vgl. ebd., 245.

33 Ebd., 247 f.
34 Vgl. ebd., 246.
35 Vgl. ebd., 248.
36 Vgl. ebd., 244 f.
37 Vgl. ebd., 243.
38 Vgl. Meiwes, Arbeiterinnen, 314.
39 Vgl. Meinert, 1000 Jahre Buer, 22.
40 Für den Hintergrund: Fahrmeier, Deutsche Geschichte, 59–71.
41 Vgl. Meiwes, Arbeiterinnen, 69–72, 288–295. Vgl. Fahrmeier, Deutsche Geschichte, 67 f.
42 Vgl. zum Rufnamen die Zeugenaussage von Joseph Langenkemper, Informativprozesse, 81.
43 Vgl. Akten des Informativprozesses, 445.
44 Dazu gibt es eine Fülle an Literatur. Hier wird sich vor allem bezogen auf: Aschhoff, Kulturkampf, 25–28. Dort auch ein Verweis auf weitere Literatur. Vgl. auch: Meiwes, Arbeiterinnen, 288–295.
45 Vgl. Aschhoff, Kulturkampf, 25.
46 Vgl. ebd.
47 Ebd., 28.
48 Vgl. zum folgenden die Zeugenaussage von Antonetta Mai (Sr. Maria Olivia), Informativprozess, 243–251.
49 Vgl. Overberg, Katechismus.
50 Vgl. Zeugenaussage Antonetta Mai (Sr. Maria Olivia), Informativprozess, 246. Vgl. dazu: Overberg, Katechismus, 167.
51 Vgl. Zeugenaussage Heinrich Klaas, Informativprozess, 83.
52 Zeugenaussage Johannes Meyer, Informativprozess 92.
53 Vgl. Zeugenaussage Karl Heege, Informativprozess, 133.
54 Vgl. Beer, Welt.2, 10.
55 Vgl. Beer, Welt.3, 5.
56 Zeugenaussage Wilhelm Fischell, Informativprozess, 105.
57 Vgl. ebd. Vgl. auch die Zeugenaussage Heinrich Klaas, Informativprozess, 83. Diese Aussagen widersprechen den Angaben bei Beer, Welt.2, 10.
58 Vgl. Zeugenaussage Heinrich Görtz, Informativprozess, 66.
59 Vgl. Eilers, Bruder Jordan, 27 f.
60 Zeugenaussage, Joseph Langenkemper, Informativprozess, 82.
61 Vgl. Zeugenaussage, Johannes Meyer, Informativprozess, 91.
62 Vgl. Zeugenaussage, Heinrich Grosse-Pawig, Informativprozess, 109.
63 Meiwes, Arbeiterinnen, 293.
64 Vgl. Kohl, Westfälische Geschichte, 230.
65 Overberg, Katechismus, 145.
66 Ebd., 147.
67 Ebd., 167 f.
68 Vgl. Zeugenaussage Antonetta (Sr. Maria Olivia) Mai, Informativprozess, 248.
69 Vgl. Konstitution über die göttliche Offenbarung. Dei Verbum, in: Rahner, Kleines Konzilskompendium, 361–382.
70 Vgl. Informativprozess, 445.
71 Vgl. Zeugenaussagen Informativprozess: Hermann Hegemann, 112; Heinrich Klaas, 83; Wilhelm Fischell, 105.
72 Vgl. Brief an die Nicht Anna vom 24. Juli 1921, in: Maschke, Die Briefe des Bruder Jordan, 78.

Endnoten

[73] Vgl. Zeugenaussage Gottfried Keppler, Informativprozess, 416.

[74] Vgl. Zeugenaussage Antonetta (Sr. Maria Olivia) Mai, Informativprozess, 247: „In den Schuljahren musste er [Peter] schon viel arbeiten,…].

[75] Mörs, Die Zünfte in der Freiheit Buer, 56.

[76] Zeugenaussage Hermann Hegemann, Informativprozess, 112.

[77] Vgl. Zeugenaussage Antonetta (Sr. Maria Olivia) Mai, Informativprozess,

[78] Zeugenaussage Anna (Sr. Leontina) Uhländer, Informativprozess, 422.

[79] Vgl. Zeugenaussage Hermann Hegemann, Informativprozess, 112.

[80] Vgl. Zeugenaussagen Informativprozess: Haver Mihsler, 70; Hermann Hegemann, 112.

[81] Vgl. Reininghaus, Entwicklung und Struktur des Handwerks, 406 f.

[82] Vgl. Zeugenaussage Bernhard Mai, Informativprozess, 229.

[83] Vgl. Zeugenaussage Antonetta (Sr. Maria Olivia) Mai, Informativprozess, 250 f.

[84] Vgl. Meiwes, Arbeiterinnen, 217–225. Bezüglich des Topos vom Widerstand gegen die Ehe vgl. Seite 221, Fußnote 14.

[85] Vgl. Sterbeurkunde Elise Mai, geb. Wittkamp, Informativprozess, 449.

[86] Vgl. Zeugenaussage Maria Wiescherhoff, Informativprozess, 118. Vgl. auch: Zeugenaussage Anna Leitsch, Informativprozess, 123.

[87] Vgl. Zeugenaussage Bernhard Mai, Informativprozess, 229 f.

[88] Vgl. Zeugenaussage Antonetta (Sr. Maria Olivia) Mai, Informativprozess, 249.

[89] Vgl. Wirtz, Katholische Gesellenvereine, 254.

[90] Vgl. Meinert, 1000 Jahre Buer, 24.

[91] Damberg, Ruhrgebietskatholizismus, 64.

[92] Vgl. Neugebauer, schimmernde Wehr, 426.

[93] Informativprozess, 447.

[94] Vgl. einen Literaturüberblick: Neugebauer, schimmernde Wehr, 378.

[95] Vgl. Neugebauer, schimmernde Wehr, 428.

[96] Vgl. ebd., 448.

[97] Vgl. ebd.

[98] Vgl. Zeugenaussagen Informativprozess: Franz Hülsmann, 101; Hermann König, 130.

[99] Vgl. Zeugenaussage Antonetta (Sr. Maria Olivia) Mai, 250.

[100] Zeugenaussage Heinrich Brocks, Informativprozess, 394.

[101] Vgl. Zeugenaussage Hermann Hegemann, Informativprozess, 112.

[102] Vgl. Zeugenaussage Heinrich Brocks, Informativprozess, 394.

[103] Zeugenaussage Heinrich Grosse-Pawig, Informativprozess, 109.

[104] Vgl. Zeugenaussage Hermann (Br. Cassian) Wilkens, Informativprozess, 380.

[105] Zeugenaussage Heinrich Hoffmann, Informativprozess, 393.

[106] Zeugenaussage Heinrich Grosse-Pawig, Informativprozess, 109.

[107] Wiebringhaus, Paohlbörger, 44.

[108] Beer, Buer – die Heimatstadt Bruder Jordans, 11–13.

[109] Vgl. Köllmann, Bevölkerungsgeschichte, 156.

[110] Vgl. Voß, Kohle, 31.

[111] Vgl. ebd., 26. Vgl. auch: Wiebringhaus, Paohlbörger, 44 f.

[112] Vgl. Tenfelde, Soziale Schichtungen, Klassenbildung und Konfliktlagen im Ruhrgebiet, 146.

[113] Vgl. ebd., 201.

[114] Vgl. ebd., 166.

[115] Vgl. ebd., 202.

[116] Vgl. Beer, Bruder Jordan als Mitglied des Katholischen Gesellenvereins I., 21 f.

[117] Insgesamt zum Gesellenverein: Wirtz, Katholische Gesellenvereine. Zum Charakter des „fortschrittlichen Kulturträgers" in der damaligen Zeit vgl. ebd., 280 ff.

[118] Beer, Bruder Jordan als Mitglied des Katholischen Gesellenvereins II., 19.

[119] Vgl. Wirtz, Katholische Gesellenvereine, 249 f.

[120] Vgl. ebd., 19.

[121] Vgl. 75 Jahre kath. Arbeiterbewegung. Überblick über die Geschichte des katholischen Knappen- und Arbeitervereins in Buer-Mitte, in: Knecht, 500 Jahre Freiheit Buer, 65–68.

[122] Vgl. Beer, Katholischer Gesellenverein (II), 19.

[123] Vgl. Zeugenaussagen Informativprozess: Haver Mihsler, 70; Wilhelm Gierig, 78; Franz Hülsmann, 101; Heinrich Grosse-Pawig, 109; Anna Leitsch, 123.

[124] Bruder Jordan Mai an Gottfried Keppler, 08. 07.1907, in: Maschke, Die Briefe des Bruder Jordan., 12. Es gibt bei Beer, Katholischer Gesellenverein (II), 20 ein Zitat von Bruder Jordan über den Gesellenverein. Dieses Zitat taucht schon vierzig Jahre früher auf bei Eckel, Feierstunde der Kolpingsfamilie Buer-Zentral., 14 f. Es stammt aus der Aussage von Andreas Mock. Vgl. Fasz. Nikolaus Mock.

[125] Vgl. Grolmann 65 Jahre evangelische Gemeinde Buer.

[126] Vgl. 75 Jahre kath. Arbeiterbewegung, 66.

[127] Vgl. Beer St. Urbanus in Buer, 3–5.

[128] Vgl. Beer, 100 Jahre St. Urbanus in Buer (2), 5 f.

[129] Vgl. Tenfelde, Soziale Schichtungen, Klassenbildung und Konfliktlagen, 195–198.

[130] Vgl. ebd., 199.

[131] Hengsbach, Bruder Jordan und die Bergleute, in: BJW 1 (1954), 70–72.

[132] Danach hieß der ältere Bruder Clemens Pieper und sein jüngerer Bruder hieß Paul. Vgl. Eilers, Bruder Jordan, 46 f.

[133] Vgl. Hengsbach, Bruder Jordan und die Bergleute (III), 37–40.

[134] Aloys Kampmann an P. Alois Eilers, 22.08.1951, in: Fasz. Kampmann. Vgl. Eilers, Bruder Jordan, 86, 142 f.

[135] Hengsbach, Bruder Jordan und die Bergleute (IV), 4.

[136] Meine Erinnerungen an den Diener Gottes Bruder Jordan Mai, 01.08.1953, in: Fasz. Nikolaus Mock. Vgl. Eilers, Bruder Jordan, 194 f.

[137] Tenfelde, Soziale Schichtungen, Klassenbildung und Konfliktlagen, 199.

[138] Vgl. ebd., 196.

[139] Vgl. ebd., 197.

[140] Vgl. ebd.

[141] Vgl. Militärpass, Informativprozess, 447 f.

[142] Vgl. Zeugenaussagen Informativprozess: Heinrich Görtz, 67; Johannes Meyer, 93; Maria Wiescherhoff, 119.

[143] Eilers verknüpft diese Gemengelage mit der Berufungsgeschichte Jordans: Vgl. Eilers, Bruder Jordan, 54.

[144] Beer, Buer – die Heimatstadt Bruder Jordans., 11 f. Vgl. auch: Meinert, 1000 Jahre, 27.

[145] Zeugenaussage Bernhard Mai, Informativprozess, 230 f.

[146] Vgl. Zeugenaussagen Informativprozess: Franz Hülsmann, 101; Heinrich Grosse-Pawig, 109f; Bernhard Mai, 230; Maria (Sr. Festina) Stiegen, 232f; Antonetta (Sr. Maria Olivia) Mai, 250.

[147] Vgl. Zeugenaussagen Informativprozess: Heinrich Görtz, 67; Haver Mihsler, 71; Maria Wischerhoff, 119.

[148] Zeugenaussage Anna (Sr. Leontina) Uhländer, Informativprozess, 422.

[149] Vgl. Zeugenaussage Informativprozess, Hermann Hegmann, 112.

[150] Vgl. Beer, Kloster St. Anna, 3.

[151] Vgl. Akten Informativprozess, 448. Vgl. Zeugenaussage Antonetta (Sr. Maria Olivia) Mai, Informativprozess, 250.

Endnoten

[152] Vgl. Griesenbrock, Fünfhundert Jahre, 47–84.

[153] Vgl. Aschhoff, Kulturkampf, 51.

[154] Vgl. Griesenbrock, Fünfhundert Jahre, 104.

[155] Vgl. den Hinweis auf den Terminbezirk: In der Schule der Heiligkeit, 221.

[156] Vgl. Aschhoff, Kulturkampf, 52.

[157] Vgl. Rakemann, Gregor Janknecht, 209–268.

[158] Grundlegend zu Harreveld: Vgl. Fleckenstein, Franziskaner im Rheinland, 61–63.

[159] Fleckenstein, Franziskaner im Rheinland, 61 f.

[160] Vgl. Zur Geschichte des Noviziates der Sächsischen Franziskaner-Ordensprovinz, 229.

[161] Vgl. Nachruf auf Br. Wolfgang Meschede, 25.

[162] Vgl. Informativprozess, 446. „Praesidis, habitum prob. III. Ordinis accepit, eique impositum est nomen Fr. Jordanus."

[163] Vgl. Fleckenstein, Franziskaner im Rheinland, 102–110.

[164] Meiwes, Arbeiterinnen, 142.

[165] Vgl. ebd., 143.

[166] Vgl. ebd., 144.

[167] Vgl. ebd., 145.

[168] Vgl. ebd., 208–212.

[169] Vgl. Aschhoff, Kulturkampf, 163–166. Vgl. Fleckenstein, Franziskaner im Rheinland, 287 f.

[170] Vgl. Fleckenstein, Franziskaner im Rheinland, 110 f.

[171] Vgl. Nachruf auf Br. Adolf Schräer, 27 ff.

[172] Für die Arbeitsatmosphäre bei den Laienbrüdern in Harreveld sehr instruktiv: Nachruf auf Br. Wolfgang Meschede, 21–30.

[173] Zeugenaussage Theodor (Br. Gabinus) Gervers, Informativprozess, 310.

[174] Zeugenaussage Joseph (Br. Servulus) Hemmer, Informativprozess, 188 f.

[175] Vgl. Akten Informativprozess, 448 f.

[176] Vgl. Hunecke, Harreveld, 20 ff. Vgl. ders., Franziskanerkloster in Münster (II), 14–20. Vgl. Ders. Franziskanerkloster in Neviges, 20–22.

[177] Vgl. Zeugenaussage Anna Leitsch, Informativprozess, 123.

[178] Vgl. Zeugenaussage Hermann (Br. Cassian) Wilkens, Informativprozess, 379–383.

[179] Vgl. Zeugenaussage Gottfried Keppler, Informativprozess, 413.

[180] Vgl. ebd., 416.

[181] Informativprozess, 597.

[182] Vgl. Zeugenaussagen Informativprozess: Bernhard (P. Gualbertus) Steinkötter, 147; Johannes (P. Laktanius) Schäfermeier, 157; Anton (P. Sixtus) Forstmann, 163; Heinrich (Br. Clementius) Wickel, 165; Joseph (Br. Servulus) Hemmer, 192; Wilhelm (P. Canisius) Bielemeier, 195; Maria (Sr. Festina) Stiegen, 236; Anton (Br. Clemens) Webermann, 276; Joseph (Br. Linus) Böddeker, 285; Paul (P. Ubald) Michels, 316; Anton (P. Serapion) Weiking, 386.

[183] Vgl. Gebräuche der Sächsischen Provinz vom hl. Kreuze. Düsseldorf 1911, 15–17.

[184] Vgl. Eilers, Bruder Jordan, 122–125.

[185] Vgl. Zeugenaussage Hermann (Br. Cassian) Wilkens, Informativprozess, 380.

[186] Vgl. Zeugenaussage Joseph (Br. Servulus) Hemmer, 190.

[187] Das Datum wird im Provinzschematismus genannt. Unglücklicherweise gibt es keine Profeßurkunde.

[188] Der Weg zum Himmel, 24.

[189] Vgl. Informativprozess, 456: „Gottfridus Keppler illegitime natus ut adolescens ex caritate in conventum Dingelstadiensem assumptus est, ut sub custodia et educatione Fr. Jordani Mai a mundanis periculis servabatur."

190 Vgl. hierzu: Zeugenaussage Gottfried Keppler, Informativprozess, 412–418.

191 Vgl. ebd., 416.

192 Vgl. Brief an Gottfried Keppler vom 08.07.1907, in: Maschke, Die Briefe des Bruder Jordan, 11–13.

193 Vgl. Zeugenaussage Gottfried Keppler, Informativprozess, 414.

194 Vgl. Zeugenaussage Gottfried Keppler, Informativprozess, 415. „Er hat mich ständig gewarnt vor der Sünde."

195 Vgl. ebd., 415.

196 Vgl. Brief an Gottfried Keppler vom 08.07.1907, in: Maschke, Die Briefe des Bruder Jordan, 12.

197 Vgl. Zeugenaussage Gottfried Keppler, Informativprozess, 413.

198 Vgl. Werbick, Den Glauben verantworten, 436–442.

199 Vgl. Brief an Sr. Maria Olivia, 05.05.1912, in: Maschke, Die Briefe des Bruder Jordan., 24.

200 Vgl. Brief an Sr. Maria Olivia, 25.03.1919, in: Maschke, Die Briefe des Bruder Jordan., 62.

201 Vgl. Zeugenaussagen Informativprozess: Maria (Sr. Festina) Stiegen, 233; Wilhelm (Br. Elias) Jansen, 222.

202 Vgl. Brief an Familie Panzer, undatiert, in: Maschke, Die Briefe des Bruder Jordan., 29.

203 Vgl. Brief an Frau Pieler, 12.06.1916, in: Maschke, Die Briefe des Bruder Jordan, 40.

204 Vgl. Zeugenaussage Ludger (P. Philipp) Pöhler, Informativprozess, 211.

205 Vgl. Zeugenaussage Anton (Br. Clemens) Webermann, Informativprozess, 274.

206 Vgl. Overberg, Katechismus, 221–336.

207 Vgl. ebd., Nr. 525., 224.

208 Ebd., Nr. 529, 225.

209 Ebd., Nr. 48, 119.

210 Brief an Sr. Maria Olivia, in: Maschke, Die Briefe des Bruder Jordan, 25.

211 Zeugenaussagen Informativprozess: Maria (Sr. Festina) Stiegen, 234; Friedrich (P. Eleutherius) Ermert, 169.

212 Nr. 532, in: Overberg, Katechismus, 226.

213 Vgl. Nr. 633, 2, in: Overberg, Katechismus, 247.

214 Vgl. Brief an die Schwestern, 26.04.1908, in: Maschke, Die Briefe des Bruder Jordan, 16.

215 Brief an Bruder und Schwägerin, 25.06.1909, in: Maschke, Die Briefe des Jordan, 21.

216 Brief an die Nichte Elisabeth Wittkamp, 07.02.1913, in. Maschke, Die Briefe des Jordan, 34.

217 Vgl. Brief an die Schwestern, 26.04.1908, in: Maschke, Die Briefe des Jordan, 16 f.

218 Brief an die Nichte Anna, 24.07.1921, in: Maschke, Die Briefe des Bruder Jordan, 77 f.

219 Für die Einschätzung des Buches vgl. In der Schule der Heiligkeit, 223 f. Es gibt ein namensgleiches Gebetbuch aus dem Jahr 1848, das sich allerdings an alle katholischen Christen wendet und von einem „katholischen Seelsorger" geschrieben ist. Es wäre eine eigene Untersuchung wert, inwiefern beide Bücher voneinander abhängen.

220 Vgl. Inhaltsverzeichnis Weg zum Himmel, VI.

221 Vgl. Informativprozess, 592–598.

222 Vgl. BReg 5,2: „Die Brüder, welchen Gott die Gnade gegeben hat, zu arbeiten, sollen treu und andächtig arbeiten, so zwar, daß sie den Müßiggang als den Hauptfeind der Seele vertreiben, aber den Geist der Andacht und des Gebetes, dem alle zeitlichen Dinge dienen müssen, nicht ersticken." BReg 10,9: „Sie sollen vielmehr darauf bedacht sein, daß sie vor allen Dingen zu haben begehren den Geist des Herrn und dessen heilige Wirkung, nämlich immer mit reinem Herzen zu Gott zu beten, Demuth und Geduld in Verfolgung und Krankheit zu haben und jene zu lieben, die uns verfolgen, schelten und tadeln."

223 Vgl. Hildebrand, Didymus in: Vita Seraphica 28 (1947), 44 f.

Endnoten

224 Vgl. In der Schule der Heiligkeit., 223. Vgl. Nachruf auf Br. Wolfgang Meschede, 21–30.
225 Vgl. Nachruf auf Br. Meschede, 27.
226 Vgl. Eilers, Bruder Jordan, 137–139. Vgl. Zeugenaussage Elisabeth (Sr. Sebaldis) Wittkamp, Informativprozess, 262 f.
227 Zeugenaussagen Informativprozess: Therese (Sr. Gertrudis) Hardes, 403; Vgl. auch: Gottfried Keppler, 416.
228 Vgl. Zeugenaussage Adolph (P. Vitus) Kaufmann, Informativprozess, 368.
229 Weg zum Himmel, 28.
230 Vgl. BReg 3. Vgl. dazu auch: Eilers, Bruder Jordan, 68, 165.
231 Vgl. In der Schule der Heiligkeit., 223.
232 Vgl. Brief an die Schwestern, 26.04.1908, in: Maschke, Die Briefe des Jordan, 16 f.
233 Vgl. Brief an Frau Pieler, 12.06.1916, in: Maschke, Die Briefe des Bruder Jordan, 40.
234 Vgl. Brief an Sr. Maria Olivia, 05.05.1912, in: Maschke, Die Briefe des Jordan, 24–26. Vgl. Brief an Familie Panzer, 1912, in: Maschke, Die Briefe des Bruder Jordan, 29 f. Vgl. Brief an Frau Oberbergrat Pieler, 12.06.1916, in: Maschke, Die Briefe des Jordan, 40 f. Vgl. Brief an Familie Schlieper, in: Maschke, Die Briefe des Bruder Jordan, 45.Vgl. Brief an Sr. Maria Olivia, 23.12.1918, in: Maschke, Die Briefe des Bruder Jordan, 49 f. Vgl. auch Zeugenaussage Adolph (P. Vitus) Kaufmann, Informativprozess, 368 f.
235 Vgl. Brief an seine Nichte Elisabeth, 07.02. 1913, in: Maschke, Die Briefe des Bruder Jordan, 34.
236 Vgl. Brief an Frau Pieler, 12.06.1916, in: Maschke, Die Briefe des Bruder Jordan, 40 f.
237 Vgl. Brief an Sr. Maria Olivia, 25.03.1919, in: Maschke, Die Briefe des Bruder Jordan, 62. Vgl. auch: Brief an Sr. Maria Olivia, 05.05.1920, in: Maschke, Die Briefe des Bruder Jordan, 66 f.
238 Brief an Frau Pieler, 12.06.1916, in: Maschke, Die Briefe des Bruder Jordan, 41.
239 Vgl. Zeugenaussagen Informativprozess: Peter (Br. Capistran) Fritischi, 152; Heinrich (Br. Walter) Lüpken, 198; Matthias (P. Paulinus) Köhler, 215; Adolph (P. Vitus) Kaufmann, 368.
240 Vgl. Zeugenaussage Maria (Sr. Festina) Stiegen, Informativprozess, 233.
241 Grundlegend: Busch, Herz-Jesu.
242 Vgl. Busch, Herz-Jesu., 156 f.
243 Paderborn, Rietberg, Werl, Wiedenbrück, Dorsten, Münster, Warendorf. Vgl. Busch, Herz-Jesu, 69–70.
244 Zitat bei: Rakemann, Gregor Janknecht., 230.
245 Vgl. Vonderheide, Botin des göttlichen Herzens, 6–10. Vgl. auch: Aschhoff, Kulturkampf, 147–150.
246 Vonderheide, Botin des göttlichen Herzens, 7.
247 Weg zum Himmel, 190 f.
248 Zeugenaussage Anna (Sr. Leontina) Uhländer, Informativprozess, 422.
249 Vgl. dazu: Busch, Herz Jesu, 259–269.
250 Vgl. Brief an Familie Panzer, undatiert, in: Maschke, Die Briefe des Bruder Jordan, 29 f. Vgl. Brief an Familie Schlieper, undatiert, in: Maschke, Die Briefe des Bruder Jordan, 45.
251 Zeugenaussage Georg (P. Ewald) Albermann, Informativprozess, 339.
252 Vgl. Zeugenaussagen Informativprozess: Josef (Br. Servulus) Hemmer, 189; Paul (P. Ubald) Michels, Informativprozess, 314.
253 Zeugenaussage Georg (P. Ewald) Albermann, Informativprozess, 340.
254 Vgl. Arnold, Kleine Geschichte des Modernismus, 14 f.
255 Vgl. Zeugenaussagen Informativprozess: Karl (Br. Marzellus) Baumgarten, 142; Johannes (Br. Verekundus) Leuthner, 150; Johannes (P. Laktantius) Schäfermeier, 156; Friedrich

Endnoten

(P. Eleutherius) Ermert, 169; Joseph (Br. Servulus) Hemmer, 190; Maria (Sr. Festina) Stiegen, 233; Joseph (Br. Linus) Böddeker, 284; Paul (P. Ubald) Michels, 314; Gottfried Keppler, 414; Joseph Heinrich (P. Ludger) Schulte, 426.

[256] Vgl. Busch, Herz-Jesu, 267.

[257] Vgl. Zeugenaussagen Informativprozess Karl (Br. Marzellus) Baumgarten, 142; Anton (P. Sixtus) Forstmann, 162; Heinrich (Br. Clemens) Wickel, 165; Friedrich (P. Eleutherius) Ermert, 169;

[258] Vgl. Zeugenaussage Wilhelm (Br. Bartholomäus) Neuhaus, Informativprozess, 184.

[259] Vgl. Eilers, Bruder Jordan, 86.

[260] Vgl. Zeugenaussage Gottfried Keppler, Informativprozess, 416.

[261] Ebd., 415.

[262] Vgl. ebd., 414.

[263] Zeugenaussage Maria (Sr. Festina) Stiegen, Informativprozess, 235.

[264] Zeugenaussage Karl (Br. Marzellus) Baumgarten, Informativprozess, 142.

[265] Vgl. zum Beispiel Zeugenaussage Informativprozess: Christoph (Br. Bonaventura) Vögeler, 279; Johannes (P. Laktantius) Schäfermeier, 155.

[266] Vgl. Aschmann, Revival des 19. Jahrhunderts. Vgl. auch: Niewiadomski, Dieses Herz ist anders.

[267] Zeugenaussage Joseph (Br. Servulus) Hemmer, Informativprozess, 189.

[268] Brief an Sr. Maria Olivia, 23.12.1918, in: Maschke, Die Briefe des Bruder Jordan, 49.

[269] Brief an Sr. Maria Olivia, 05.05.1920, in: Maschke, Die Briefe des Bruder Jordan, 64.

[270] Vgl. Dascher, Dortmund in der Industrialisierung, 67–74. Vgl. auch: Luntowski, Geschichte der Stadt Dortmund, 239–257.

[271] Vgl. Dascher, Dortmund in der Industrialisierung, 68 f.

[272] Vgl. ebd., 74.

[273] Vgl. zur Polenseelsorge: Aschhoff, Kulturkampf, 251–263.

[274] Vgl. ebd., 72.

[275] Zur Gründungsgeschichte der Niederlassung: Kordwittenborg, Die Gründung des Franziskanerklosters in Dortmund, 46–60. Vgl. auch: Aschhoff, Kulturkampf, 189–194.

[276] Ebd., 191.

[277] Vgl. Eilers, Bruder Jordan, 111.

[278] Vgl. Catalogus Domuum et Fratrum Provinciae Saxoniae S. Crucis Ordinis Fratrum Minorum. Compositus Mense Decembri Anno Domini 1919. Hagenae G 1919, 11. In den Schematismen zuvor sind die Brüder nicht einzelnen Niederlassungen zugeordnet.

[279] Vgl. für die Schilderungen des Umfeldes des Klosters: Schreibmaschinentexte „Eine Gemeinde wächst im Osten Dortmunds" und „Besiedlung des Dortmunder Ostens", in: AKD 1-3-5.

[280] Journ.-Nr. Abschrift 1232, Düsseldorf 15. Juni 1907. Provinzial Saxonia (Breisig) an Dechant Hörde (Ziegeweid). AKD 8-6.

[281] Vgl. Fleckenstein, Deutsche Franziskaner im Ersten Weltkrieg, 579.

[282] Vgl. Aschhoff, Kulturkampf., 260 f.

[283] Vgl. AKD 6-10 (Marianische Jungfrauen- und Jünglingskongregation 1912)

[284] AKD 6-11 (Gründung einer Herz-Jesu Bruderschaft 1913); AKD 6-12 (Armeseelenbruderschaft 1913).

[285] Vgl. AKD 86 (Statistische Angaben über die Mitbrüder im Kloster seit der Gründung)

[286] Vgl. AKD 8-6 (Statistische Angaben über die Mitbrüder im Kloster seit der Gründung) beinhaltet Angaben über die Vereinsentwicklung. Vgl. auch: Wirtz, Katholische Gesellenvereine, 49.

Endnoten

287 Vgl. Brief an die Schwestern, 26.04.1908, in: Maschke, Die Briefe des Bruder Jordan Mai, 15 f.

288 Brief an Sr. Maria Olivia, 5.5.1912, in: Maschke, Die Briefe des Bruder Jordan Mai, 23.

289 Zeugenaussage Johannes (P. Laktanius) Schäfermeier, Informativprozess, 155.

290 Vgl. Zeugenaussagen Informativprozess: Heinrich (Br. Clementius) Wickel, 165; Wilhelm (P. Canisius) Bielemeier, 194; Christoph (Br. Bonaventura) Vögeler, 279; Paul (P. Ubald) Michels, 314; Anton (P. Serapion) Weiking, 385 f.

291 Vgl. Zeugenaussage Wilhelm (Br. Elias) Jansen, Informativprozess, 223.

292 Vgl. die Zeugenaussagen Informativprozess: Johannes (P. Lactanius) Schäfermeier, 155; Friedrich (P. Eleutherius) Ermert, 170f, Heinrich (Br. Clementius) Wickel, 165; Ludger (P. Philippus) Pöhler, 210; Georg (P. Ewald) Albermann, 341.

293 Zeugenaussage Wilhelm (Br. Elias) Jansen, Informativprozess, 222.

294 Vgl. Zeugenaussagen Informativprozess: Johannes (P. Lactanius) Schäfer, 155; Eduard (P. Georg) Axmacher, 203.

295 Vgl. Zeugenaussage Paul (P. Ubald) Michels, Informativprozess, 314. In die gleiche Richtung geht: Zeugenaussage Karl (Br. Marcellus) Baumgarten, Informativprozess, 142 f.

296 Zeugenaussage Anton (P. Serapion) Weiking, Informativprozess, 387.

297 Vgl. Friedrich (Br. Gregor) Lohmann, Informativprozess, 219.

298 Vgl. Zeugenaussage Maria (Sr. Festina) Stiegen, Informativprozess, 235.

299 Vgl. Zeugenaussage Ludger (P. Philippus) Pöhler, Informativprozess, 210.

300 Zeugenaussage Eduard (P. Georg) Axmacher, Informativprozess, 203.

301 Zeugenaussage Wilhelm (Br. Elias) Jansen, Informativprozess, 222.

302 Grundlegend für das Verhalten der Franziskaner der Saxonia im Ersten Weltkrieg: Fleckenstein, Franziskaner im Rheinland, 289–318. Vgl. auch: Aschhoff, Kulturkampf, 273–284. Vgl. auch: Fleckenstein, Deutsche Franziskaner im Ersten Weltkrieg, 555–582.

303 Eine Rekonstruktion der Besetzung des Hauses in den Kriegsjahren erfolgt durch eine Auswertung der Aufstellung der Versetzungen in AKD 8-6 (Statistische Angaben über die Mitbrüder im Kloster seit der Gründung 1895).

304 Vgl. den Nachruf: Schürmann, Schwester Maria Festina Stiegen, 20 f.

305 Vgl. Zeugenaussage Joseph (Br. Linus) Bödekker, Informativprozess, 282–286.

306 Vgl. Zeugenaussage Adolph (P. Vitus) Kaufmann, Informativprozess, 368.

307 Vgl. AKD 8-6 (Statistische Angaben über die Mitbrüder im Kloster seit der Gründung 1895)

308 Vgl. Maschke, Die Briefe des Bruder Jordan: Brief an Frau Pieler, 16.02.1916, 37; Brief an Frau Pieler, 12.06.1916, 39–41; anonymer Brief, 1917, 43; Brief an Frau Schlieper, undatiert, 45.

309 Vgl. Zeugenaussage Therese (Sr. Gertrudis) Hardes, Informativprozess, 402–405.

310 Vgl. Zeugenaussage Anton (P. Serapion) Weiking, Informativprozess, 388.

311 Zeugenaussage Therese (Sr. Gertrudis) Hardes, Informativprozess, 403.

312 Vgl. Zeugenaussage Adolph (P. Vitus) Kaufmann, Informativprozess, 383. Vgl. übereinstimmend dazu auch Zeugenaussage Gottfried Keppler, Informativprozess 416.

313 Zeugenaussage Paul (P. Ubald) Michels, Zeugenaussage, 313.

314 Zeugenaussage Georg (P. Ewald) Albermann, Informativprozess, 340.

315 Zeugenaussage Heinrich (Br. Clementius) Wickel, Informativprozess, 165.

316 Vgl. dazu Zeugenaussagen Informativprozess: Anton (Br. Clemens) Webermann, 276;. Joseph (Br. Linus) Bödekker, 285.

317 Zeugenaussage Heinrich (Br. Walter) Lüpken, Informativprozess, 199.

318 Zeugenaussage Maria (Sr. Festina) Stiegen, Informativprozess, 236. Vgl. auch ebd., 233.

319 Vgl. ebd., 232.

Endnoten

[320] Vgl. Fraling, Indifferenz, 469.

[321] Brief an Sr. Maria Olivia, 23.12.1918, in: Maschke, Die Briefe des Bruder Jordan, 50.

[322] Zeugenaussage Therese (Sr. Gertrudis) Hardes, Informativprozess 404. Dazu passt auch: Zeugenaussage Karl (Br. Marzellus) Baumgarten, Informativprozess, 141.

[323] Vgl. Zeugenaussage Friedrich (P. Eleutherius) Ermert, Informativprozess, 171.

[324] Vgl. ebd., 168.

[325] Zweite Zeugenaussage Friedrich (P. Eleutherius) Ermert, Informativprozess, 410.

[326] Vgl. Eilers, Bruder Jordan, 128, 204. Das Totenbuch der Ordensprovinz führt tatsächlich den Namen dieses Tertiarbruders auf.

[327] Vgl. Eilers, Bruder Jordan, 185.

[328] Zeugenaussage Friedrich (P. Eleutherius) Ermert, Informativprozess, 169.

[329] Vgl. Wirtz, Katholische Gesellenvereine., 60.

[330] Vgl. Gatz, Die Katholische Kirche in Deutschland, 55.

[331] Vgl. dazu: Fleckenstein, Deutsche Franziskaner im Ersten Weltkrieg, 571–575.

[332] Vgl. Fleckenstein, Franziskaner im Rheinland. Vgl. auch Aschhoff, Kulturkampf.

[333] Vgl. Brief an Frau Schlieper, 12.06.1916, in: Maschke Die Briefe des Bruder Jordan, 39–41.

[334] Vgl. Tenfelde, Soziale Schichtungen, Klassenbildung und Konfliktlagen im Ruhrgebiet, 210.

[335] Vgl. [anonymer] Brief, 1917?, in: Maschke Die Briefe des Bruder Jordan, 43.

[336] Möglicherweise der Tertiarbruder Rochus Synack (1886 – 1918).

[337] Vgl. Brief an Sr. Maria Olivia, 23.12.1918, in: Maschke Die Briefe des Bruder Jordan, 47. Vgl. auch Brief an den Neffen, 29.12.1918, in: Ebd., 53.

[338] Vgl. Zeugenaussage Elisabeth Nocke, Informativprozess, 127.

[339] Vgl. Zeugenaussage Heinrich (Br. Walter) Lüpken, Informativprozess 199.

[340] Vgl. Nachruf Br. Daniel Kemper, in: Vita Seraphica 21 (1940), 65.

[341] Vgl. Tenfelde, Soziale Schichtungen, Klassenbildung und Konfliktlagen im Ruhrgebiet, 210.

[342] Vgl. ebd., 209.

[343] Vgl. ebd., 212.

[344] Vgl. ebd.

[345] Ebd.

[346] Vgl. ebd., 213.

[347] Für die Saxonia insgesamt vgl. Fleckenstein, Franziskaner im Rheinland, 315–318. Vgl. auch: Lindemann, Von der Novemberrevolution bis zum Zweiten Vatikanischen Konzil (1918–1962), 293–298.

[348] Vgl. Brief an Pfarrer Lohmann, 23.12.1918, in: Maschke, Die Briefe des Bruder Jordan, 53 f. Vgl. auch: Brief an Pfarrer Lohmann, 17.03.1919, in: Maschke, Die Briefe des Bruder Jordan, 57 f.

[349] Römerbrief 8,31. Vgl. Brief an Sr. Maria Olivia, 23.12.1918, in: Maschke Die Briefe des Bruder Jordan, 48.

[350] Brief an Sr. Maria Olivia, 25.03.1919, in: Maschke Die Briefe des Bruder Jordan, 62.

[351] Vgl. Högl, „Wir werden Euer Werk vollenden", 40. Vgl. auch: Bausch, „In treuer Pflichterfüllung", 44–48. Vgl. auch: Luntowski, Geschichte der Stadt Dortmund, 371–377.

[352] Vgl. Niess, Die Revolution von 1918/1919, 354.

[353] Laut Luntowski fanden die Gefechte dagegen zwischen Berghofen und Applerbeck statt. Vgl. Luntowski, Geschichte der Stadt Dortmund, 374.

[354] Luntowski spricht von 50 Toten. Vgl. ebd., 375.

[355] Vgl. Eilers, Bruder Jordan, 182 f.

[356] Vgl. Nachruf Eleutherius Ermert, 235 f.

[357] Vgl. Zeugenaussagen Informativprozess Karl (Br. Marzellus) Baumgarten, 143; Peter (Br. Capistran) Fritschi, 152, Friedrich (P. Eleutherius) Ermert, 169; Ludger (P. Philippus)

Pöhler, 212; Wilhelm (Br. Elias) Jansen, 223; Anton (Br. Clemens) Webermann, 276; Anton (P. Serapion) Weiking, 386.

358 Vgl. Zeugenaussage Ludger (P. Phillip) Pöhler, Informativprozess, 212.
359 Bei Eilers war Münster der Bestimmungsort. Vgl. Eilers, Bruder Jordan, 183.
360 Zeugenaussagen Informativprozess Wilhlem (Br. Elias) Jansen, 223; Anton (Br. Clemens) Webermann, 276.
361 Zeugenaussage Antonetta (Sr. Maria Olivia) Mai, Informativprozess, 246.
362 Brief an die Schwestern Gertrud und Bernardin, 26.04.1908, in: Maschke, Die Briefe des Bruder Jordan, 16.
363 Ebd., 15.
364 Vgl. Zeugenaussage Wilhelm (Br. Bartholomäus) Neuhaus, Informativprozess, 183. Vgl. Zeugenaussage Theodor (Br. Gabinus) Gervers, Informativprozess, 311.
365 Vgl. Zeugenaussage Hermann (Br. Cassian) Wilkens, Informativprozess, 381.
366 Vgl. Zeugenaussage Joseph (Br. Nicasius) Westerwinter, Informativprozess, 180.
367 Vgl. Zeugenaussage Karl (Br. Marzellus) Baumgarten, Informativprozess, 141.
368 Zeugenaussage Franz (Br. Balthasar) Storm, Informativprozess, 398.
369 Vgl. Eilers, Bruder Jordan, 159.
370 Vgl. Zeugenaussage Therese (Sr. Gertudis) Hardes, Informativprozess, 403.
371 Bei Eilers ist der Auslöser der Vereiterung ein Oberschenkelbruch nach einem durch Schwindel ausgelösten Sturz am 7. Juli 1919. Vgl. Eilers, Bruder Jordan, 179.
372 Vgl. ebd., 397 f.
373 Brief an Sr. Maria Olivia, 05.05.1920, Informativprozess, 65.
374 Vgl. Zeugenaussage Franz (Br. Balthasar) Storm, Informativprozess, 398.
375 Vgl. Brief an Sr. Maria Olivia, 14.08.1920, in: Maschke, Die Briefe des Bruder Jordan Mai, 69.
376 Brief an Nichte Anna, 24.07.1921, in: Maschke, Die Briefe des Bruder Jordan, 77.
377 Vgl. Zeugenaussage Wilhelm (P. Canisius) Bielemeier, Informativprozess, 196.
378 Brief an Sr. Maria Olivia, 05.05.1920, in: Maschke, Die Briefe des Bruder Jordan, 65.
379 Brief an Sr. Maria Olivia, 05.05.1919, in: Maschke, Die Briefe des Bruder Jordan, 65.
380 Vgl. Brief an Sr. Maria Olivia, 01.05.1921, in: Maschke, Die Briefe des Bruder Jordan, 74.
381 Zeugenaussage Wilhelm (Br. Elias) Jansen, Informativprozess, 224.
382 Vgl. Zeugenaussage Ludger (P. Philipp) Pöhler, Informativprozess, 214 f.
383 Zeugenaussage Heinrich (P. Clementius) Wickel, Informativprozess, 165.
384 Zeugenaussage Wilhelm (Br. Bartholomäus) Neuhaus, Informativprozess, 184.
385 Vgl. Zeugenaussagen Informativprozess: Karl (Br. Marzellus) Baumgarten, 144f; Peter (Br. Capistran) Fritschi, 154; Nikolaus (Br. Andreas) Mock, 474. Eilers gibt vor allem der Aussage von Br. Andreas Mock und dem Bericht von P. Athanasius Bierbaum breiten Raum. Vgl. Eilers, Bruder Jordan, 210–212.
386 Zeugenaussage Wilhelm (P. Canisius) Bielemeier, Informativprozess, 196.
387 Ebd., 194.
388 Zeugenaussage Peter (Br. Capitran) Fritschi, Informativprozess, 152.
389 Zeugenaussage Anna (Sr. Jordana) Mai, Informativprozess, 268. Das ist eine der Stellen, wo Eilers die Aussagen im Prozess in direkte Rede dramatisiert. Er dichtet hier noch eine erregte Antwort dazu. Vgl. Eilers, Bruder Jordan, 181.
390 Vgl. Eilers, Bruder, 193–202.
391 Vgl. ebd., 148.
392 Vgl. Vita Seraphica 1 (1922), Heft 1. Das erste Heft hatte noch keine Paginierung. Deshalb können keine Seitenzahlen angegeben werden.

Endnoten

[393] Im Codex Iuris Canonici 1917 galt für diesen Fall der can. 2320, der fast wörtlich in der Neufassung von 1983, can 1367 übernommen wurde: Im Kirchenrecht führt so eine Tat automatisch zur Exkommunikation, die nur vom apostolischen Stuhl dispensiert werden kann. Wird eine derartige Tat durch einen Kleriker begangen, ist sogar die Entlassung aus dem Klerikerstand möglich.

[394] Vgl. 1 Kor 11,29f: „Denn wer davon [vom Leib des Herrn] isst und trinkt, ohne den Leib zu unterscheiden, der zieht sich das Gericht zu, indem er isst und trinkt. Deswegen sind unter euch viele schwach und krank und nicht wenige sind schon entschlafen." Overberg, Katechismus, 302.

[395] Zeugenaussage Bernhard (P. Gualbertus) Steinkötter, Informativprozess, 146.

[396] Zeugenaussage Nikolaus (Andreas) Mock, Informativprozess, 474.

[397] Vgl. ebd., 478.

[398] Nachruf Jordan Mai, in: Vita Seraphica 1 (1922), 1. Heft.

[399] Meine Erinnerungen an den Diener Gottes Bruder Jordan Mai, 01.08.1953, Seite 9, in: Fasz. Nikolaus Mock.

[400] Aussage Paul Schnelle, Protokoll der Vizepostulatur, 19.11.1952, 10.

[401] Vgl. ebd., 11.

[402] Vgl. Abschrift der Sterbeurkunde Heinrich Theodor Hermann Mai, Informativprozess, 449.

[403] Nachruf auf Br. Adolf Schräer, in: Vita Seraphica 14 (1933), 27 ff.

[404] Vgl. dazu: Zeugenaussage Wilhelm (P. Canisius) Bielemeier, Informativprozess, 195–196.

[405] Vgl. Zeugenaussage Christoph (Br. Bonaventura) Vögler, 279.

[406] Vgl. Zeugenaussage Friedrich (Gregor) Lohmann, Informativprozess, 220.

[407] Vgl. Zeugenaussage Peter (Br. Capistran) Fritschi, Informativprozess, 154.

[408] Vgl. Zeugenaussage Friedrich (Gregor) Lohmann, Informativprozess, 220. Vgl. auch: Zeugenaussage Anton (Br. Clemens) Webermann, Informativprozess, 277.

[409] Die Vorderseite des Totenzettels ist dokumentiert in: BJW 9 (1962), 5.

[410] Vgl. Zeugenaussage Friedrich (P. Eleutherius) Ermert, Informativprozess, 168.

[411] Eilers, Bruder Jordan, 150.

[412] Nachruf Jordan Mai, in: Vita Seraphica 1 (1922), 1. Heft.

[413] Katholisches Missionsblatt, Nr. II, Dülmen, 12. März 1922, 71. Jahrgang, in: Fasz. 1922–1925.

[414] Vgl. Mittag, Nr. 273; 21./22. November 1923.

[415] Der Mittag, 21./22.11.1923, in: Fasz. 1922–1925.

[416] Ermert, Bruder Jordan Mai und seine Verehrung, 86.

[417] Vgl. Ermert, Jordan Mai O. F. M. Ein Beitrag zu seinem Lebensbilde. Dieser Beitrag wurde als Sonderdruck im Kleinschriftenformat veröffentlicht und erlebte im Jahr 1928 seine zweite Auflage: Vgl. Ermert, Gedanken und Erinnerungen. Im Jahr 1929 folge die dritte Auflage mit 15. Tausend Stück. Parallel dazu wurde ab 1927 in drei Auflagen herausgegeben: Ermert, Bruder Jordan Mai. Gedanken und Erinnerungen. 3. Aufl.

[418] Vgl. Bierbaum, Von Dortmunds Franziskanern., 75–85. Sehr weite Verbreitung fand: Neuntägige Andacht zu Bruder Jordan Mai. Bis zur Neufassung durch Theo Maschke wurden davon 235.000 Stück gedruckt.

[419] Fragebogen Informativprozess, 598.

[420] Vgl. Zeugenaussagen Informativprozess: Friedrich (Br. Gregor) Lohmann, 220; Wilhelm (P. Canisius) Bielemeier, 196 f.

[421] Br. Jordan an Nichte Anna, 24.07.1921, in: Maschke, Die Briefe der Bruder Jordan, 77.

[422] AKD 1–3-3 (Chronik), 21. Oktober 1921.

[423] Vgl. Luntowski, Geschichte der Stadt Dortmund, 390.

[424] Tenfelde, Klaus Soziale Schichtungen, Klassenbildung und Konfliktlagen im Ruhrgebiet, 214.

[425] Vgl. Luntowski, Geschichte der Stadt Dortmund, 392.

[426] Vgl. Nachruf Eleutherius Ermert., 230.

[427] Guardian Dortmund (Ermert) an Provinzial Saxonia (Dreiling), 22.12.1921, Informativprozess, 410.

[428] Nachruf Eleutherius Ermert, in: Vita Seraphica 34 (1953), 238.

[429] Vgl. Busch, Herz-Jesu., 259–266.

[430] Zeugenaussage Johannes Lohmann, Informativprozess, 261. Das widerspricht der Schilderung von Eilers, der für die Beerdigung die Beteiligung wie bei einer Fronleichnamsprozession belegt. Vgl. Eilers, Bruder Jordan, 215.

[431] Zeugenaussagen Informativprozess: Friedrich (Br. Gregor) Lohmann, 220; Vgl. auch: Joseph (Br. Nicasius) Westerwinter, 182; Bernhard (P. Gualbertus) Steinkötter, 148.

[432] Vgl. Zeugenaussage Wilhelm (P. Canisius) Bielemeier, Informativprozess, 196–197.

[433] Vgl. Zeugenaussagen Informativprozess: Eduard (P. Georg) Axmacher, 200; Heinrich Kalthoff, 396f; Matthias (P. Paulinus) Köhler, 216; Maria Franziska (Sr. Albertine) Paprozki, 432–433.

[434] Zeugenaussage Matthias (P. Paulinus) Köhler, 216.

[435] Einen Beleg für das Unbehagen des Stadtklerus bietet auch der ehemalige Pfarrer von St. Suitbertus in Dortmund. Allerdings geht es da eher um das Mitnehmen der Graberde: Vgl. Zeugenaussage Heinrich Kalthoff, Informativprozess, 396 f.

[436] Pfarrvikar (anonym) an Generalvikar Paderborn (Rosenberg), Informativprozess, 322–323.

[437] Vgl. Provinzial (Dreiling) an Guardian Dortmund (Ermert), 24.11.1923, Informativprozess, 323.

[438] Zeugenaussage Friedrich (P. Eleutherius) Ermert, Informativprozess, 171–172.

[439] Vgl. Guardian (Ermert) an Provinzial (Dreiling), 26.11.1923, Informativprozess 324 f.

[440] Zeugenaussage Peter (Br. Capistran) Fritschi, Informativprozess, 153–154.

[441] Vgl. Zeugenaussagen Informativprozess: Georg (P. Ewald) Albermann, 200; Heinrich Görtz, 69: „wohl kritisierte man, dass zuviel Erde vom Grabe weggenommen ist." Vgl. auch: Zeugenaussage Friedrich (Br. Gregor) Lohmann, Informativprozess, 220: „Das Mitnehmen von Erde habe ich immer für Unfug gehalten und das ist auch meines Wissens in unserem Kloster von den anderen missbilligt worden."

[442] Vgl. Guardian Dortmund (Ermert) an Provinzial (Dreiling), 26.11.1923, Informativprozess, 324 f.

[443] Vgl. Zeugenaussagen Informativprozess: Haver Mihsler, 72; Hermann Hegemann, 113.

[444] Zeugenaussage Paul (P. Ubald) Michels, Informativprozess, 316.

[445] Zeugenaussage Therese (Sr. Gertrudis) Hardes, Informativprozess, 404.

[446] Vgl. Catalogus Domuum et Fratrum Provinciae Saxoniae S. Crucis Ordinis Fratrum Minorum. Compositus Mense Decembri Anno Domini 1919, 11.

[447] Zeugenaussage Therese (Sr. Gertrudis) Hardes, Informativprozess, 404.

[448] Zeugenaussagen Informativprozess: Heinrich Grosse-Pawig, 110. Vgl. auch: Karl Heege, 135.

[449] Zeugenaussage Johannes Meyer, Informativprozess, 94.

[450] Vgl. Zeugenaussage Maria Klug, Informativprozess, 129.

[451] P. Athanasius litt seit 1929 an einer Venenentzündung und hatte am 13. Mai 1935 einen Schlaganfall. So wurde seine Aussage als Zeuge im Informativprozess verunmöglicht. Vgl. Nachruf P. Athanasius Bierbaum, 46 f.

Endnotes

[452] Zeugenaussagen Informativprozess: Matthias (P. Paulinus) Köhler, 216. Vgl. auch: Wilhelm (Br. Elias) Jansen, 224; Georg (P. Ewald) Albermann, 341, Anton (P. Serapion) Weiking, 388–389.

[453] Vgl. Nachruf P. Athanasius Bierbaum, 54.

[454] Vgl. Guardian Dortmund (Ermert) an Provinzial Saxonia (Dreiling), 26.11.1923, Informativprozess, 324–325.

[455] Zeugenaussage Johannes Haag, Informativprozess, 88.

[456] Vgl. Zeugenaussagen Informativprozess: Heinrich Neukirchen, 89; Johannes Meyer, 94; Franz Hülsmann, 102–103; Heinrich Grosse-Pawig, 110; Hermann Hegemann, 113; Bernhard Mai, 231; Maria Wischerhoff, 121; Anna Leitsch, 126; Maria Klug, 129; Ludger (P. Philippus) Pöhler, 212; Heinrich Kalthoff, 396f; Maria-Franziska (Sr. Albertine) Paprozki, 432–433.

[457] Zeugenaussage Agnes König, Informativprozess, 107–108.

[458] Zeugenaussage Grosse Pawig, Informativprozess, 110. Vgl. auch: Zeugenaussagen Informativprozess: Heinrich Lohmann, 256; Christoph (Br. Bonaventura) Vögeler, 279.

[459] Zeugenaussagen Informativprozess: Haver Mihsler, 72; Johannes Halbeisen, 74; Wilhelm Gierig, 79; Johannes Meyer, 94; Agnes König, 107–108; Hermann Hegemann, 113; Maria Klug, 129; Bernhard (P. Gualbertus) Steinkötter, 148; Peter (Br. Capistran) Fritschi, 153–154; Wilhelm (P. Canisius) Bielemeier, 196–197; Eduard (P. Georg) Axmacher, 200; Antonetta (Sr. Maria Olivia) Mai, 252; Heinrich Lohmann, 256; Heinrich Kalthoff, 396f; Therese (Sr. Gertrudis) Hardes, 404; Maria Franziska (Sr. Albertine)Paprozki, 432–433.

[460] Zeugenaussage (Br. Bonaventura) Vögeler, Informativprozess, 279.

[461] Zeugenaussage Peter (Br. Capistran) Fritschi, Informativprozess, 153–154.

[462] Vgl. Nachruf P. Ubald Michels, 207.

[463] Zeugenaussage Heinrich Lohmann, Informativprozess, 256.

[464] Guardian Dortmund (Ermert) an Provinzial (Dreiling), 26.11.1923, Informativprozess, 324 f.

[465] Zeugenaussage Heinrich Klaas, Informativprozess, 84.

[466] Vgl. Busch, Herz-Jesu, 312.

[467] Einen guten Überblick über die Jordanverehrung bietet: Schmiedl, Zweites Vatikanisches Konzil, 891–896.

[468] Vgl. In der Schule der Heiligkeit, 224.

[469] Schmiedl, Zweites Vatikanisches Konzil, 896.

[470] Vgl. Aschhoff, Kulturkampf, 279. Vgl. auch: Fleckenstein, Franziskaner im Rheinland, 314.

[471] Vgl. Eßer, Vergessene Texte.

[472] Vgl. Einhorn, Bruder Jordan Mai, 14.

[473] Vgl. Wessel, Den Menschen nahe, 169. Vgl. zu Dortmund-Scharnhorst: Schmiedl, Zweites Vatikanisches Konzil, 846 f.

[474] Eilers, Bruder Jordan, 217.

[475] Vita Seraphica 12 (1931), 139.

[476] Zitat entnommen aus: Vita Seraphica 15 (1934), 211 f.

Quellen und Literatur

Ungedruckte Quellen

Hausarchiv Konvent Dortmund
AKD 1-3-3 (Chronik), 21. Oktober 1921.
AKD 1-3-5 „Eine Gemeinde wächst im Osten Dortmunds" und „Besiedlung des Dortmunder Ostens"
AKD 6-10 (Marianische Jungfrauen- und Jünglingskongregation 1912)
AKD 6-11 (Gründung einer Herz-Jesu Bruderschaft 1913)
AKD 6-12 (Armeseelenbruderschaft 1913).
AKD 8-6 (Statistische Angaben über die Mitbrüder im Kloster seit der Gründung 1895)

Archiv des Bruder Jordan Werkes
Akten des Paderborner Informativprozesses. [gebundene Kopien der handschriftlichen Prozessakten in 3 Bänden]
Fasz. Aloys Kampmann
Brief Aloys Kampmann an P. Alois Eilers, 22.08.1951.
Fasz. Nikolaus Mock
Meine Erinnerungen an den Diener Gottes Bruder Jordan Mai, 01.08.1953.
Fasz. Paul Schnelle
Aussage Paul Schnelle, Protokoll der Vizepostulatur, 19.11.1952.
Ordner: Veröffentlichungen in Zeitungen und Zeitschriften 1922–1925
Fasz. 1922–1925.

Gedruckte Quellen

Bibel. Altes und Neues Testament. Einheitsübersetzung. Katholische Bibelanstalt 1980.
Bruder Jordans Weg. Berichte über Leben und Prozess des Dieners Gottes. Herausgegeben vom Bruder Jordan Werk, Dortmund. (= BJW)
Catalogus Domuum et Fratrum Provinciae Saxoniae S. Crucis Ordinis Fratrum Minorum. Compositus Mense Decembri Anno Domini 1919. Hagenae G 1919.

Codex Iuris Canonici PII X Pontificis Maximi iussu digestus Benedicti Papae XV auctoritate promulgatus. Praefatione Emi. Petri Card. Gaspari et indice analytico-alphabetico auctus. Friburgi Brisgoviae B. Herder MCMXVIII. (= CIC 1917)

Codex des kanonischen Rechtes. Lateinisch-Deutsche Ausgabe. (4. Aufl.) Kevelaer 1994. (= CIC 1983)

Der Weg zum Himmel. Gebetbuch für die Minderbrüder des heiligen Franciscus. Mit Gutheißung der Oberen. Dülmen i. W. 1896.

Gebräuche der Sächsischen Provinz vom hl. Kreuze. Düsseldorf 1911.

Rahner, Karl – Vorgrimmler, Herbert (Hrsg.) Kleines Konzilskompendium. Sämtliche Texte des Zweiten Vatikanums. (23. Auflage) Freiburg 1991.

Maschke, Theo Die Briefe des Bruder Jordan Mai. Dortmund 2010.

Overberg, Bernhard. Lehrer der Normalschule. Katechismus der christkatholischen Lehre zum Gebrauche der größeren Schüler. Münster 1842.

Literaturverzeichnis

75 Jahre kath. Arbeiterbewegung. Überblick über die Geschichte des katholischen Knappen- und Arbeitervereins in Buer-Mitte, in: Knecht, Heiner 500 Jahre Freiheit Buer. Blätter zur Jubliäumsfeier vom 14. bis 21. Mai 1950. Herausgegeben von der Kreishandwerkerschaft, dem Einwohner- und Heimatverein Buer, 65–68.

Arbeitskreis für kirchliche Zeitgeschichte, Münster Konfession und Cleavages im 19. Jahrhundert. Ein Erklärungsmodell zur regionalen Entstehung des katholischen Milieus in Deutschland, in: Historisches Jahrbuch 120 (2000), 358–395.

Arnold, Claus Kleine Geschichte des Modernismus. Freiburg i. Br. 2007.

Aschhoff, Hans-Georg Vom Kulturkampf bis zum Ersten Weltkrieg, in: Geschichte der Sächsischen Franziskanerprovinz, 23–287.

Aschmann, Birgit Revival des 19. Jahrhunderts, in: Herderkorrespondenz 10/2020, 21–24.

Bausch, Hermann-Josef „In treuer Pflichterfüllung" Denkmal für die „Kapp-Putsch-Gefallenen" des Jahres 1920 auf Seiten der Einwohnerwehren und der Polizei, in: Heimat Dortmund. Stadtgeschichte in Bildern und Berichten 2/2007, 44–48.

Beer, Gottfried Die Welt, in der Bruder Jordan aufwuchs [1], in: Bruder Jordans Weg (BJW) 1995/3, 3–6. (= Welt. 1)

Beer, Gottfried Die Welt, in der Bruder Jordan aufwuchs (2), in: BJW 42 (1995/4), 6–10. (= Welt. 2)

Beer, Gottfried Die Welt, in der Bruder Jordan aufwuchs (3), in: BJW 43 (1996/1), 4–9. (= Welt. 3)

Beer, Gottfried St. Urbanus in Buer, in: BJW 40 (1993/3), 3–5.

Beer, Gottfried 100 Jahre St. Urbanus in Buer (2), in: BJW (1993/4), 3–5.

Beer, Gottfried Bruder Jordan als Mitglied des Katholischen Gesellenvereins I, in: BJW 37 (1990/2), 21 f.

Beer, Gottfried Bruder Jordan als Mitglied des Katholischen Gesellenvereins II, in: BJW 37 (1990/3), 19 f.

Beer, Gottfried Buer – Die Heimatstadt Bruder Jordans, in: BJW 36 (1989/4), 11–13.

Beer, Gottfried Das Kloster St. Anna in Dorsten, in: BJW 48 (2001/3), 3–5.

Bierbaum, Athanasius Neuntägige Andacht zu Bruder Jordan Mai. 7. Aufl., Werl i. Westf. 1949.

Bierbaum, Athanasius Von Dortmunds Franziskanern in alter und neuer Zeit." Franziskus-Druckerei, Werl i. Westf. 1924, 75–85.

Busch, Norbert Katholische Frömmigkeit und Moderne. Die Sozial- und Mentalitätsgeschichte des Herz-Jesu-Kultes in Deutschland zwischen Kulturkampf und Erstem Weltkrieg (Religiöse Kulturen der Moderne 6), Gütersloh 1997.

Damberg, Wilhelm Ruhrgebietskatholizismus im 19. Jahrhundert, in: Montag, Katholische Kirche in Dortmund, 58–66.

Dascher, Ottfried Dortmund in der Industrialisierung des 19. Jahrhunderts. Grundzüge und Rahmenbedingungen, in: Montag, Katholische Kirche in Dortmund, 67–74.

Eckel, Theo Feierstunde der Kolpingsfamilie Buer-Zentral, in: BJW 16 (1969/3), 14 f.

Eilers, Alois Bruder Jordan Mai. Ein Bericht seines Lebens. 2. Aufl. Werl i. Westf. 1972.

Einhorn, Werinhard – Albers, Klaus Bruder Jordan Mai. Sohn des Ruhrgebietes und Franziskaner, in: BJW 54 (2008/3), 10–15.

Ermert, Eleutherius Bruder Jordan Mai. Gedanken und Erinnerungen. Ein Beitrag zu seinem Lebensbilde. 2. Auflage, 4.–5. Tausend. Werl i. Westf., Franziskus-Druckerei 1928.

Ermert, Eleutherius Bruder Jordan Mai und seine Verehrung., in: VS 7 (1926), 82–86.

Ermert, Eleutherius Bruder Jordan Mai. Gedanken und Erinnerungen. 3. Aufl., Werl i. Westf. 1930.

Ermert, Eleutherius Jordan Mai O. F. M. Ein Beitrag zu seinem Lebensbilde von P. Eleutherius Ermert, Dortmund, in: VS 7 (1926), 5–16.

Eßer, Katjetan Vergessene Texte zur „accomodata renovatio" des Ordens der Minderbrüder, in: Vita Fratrum 4 (1967), 3–24.

Fahrmeier, Andreas Deutsche Geschichte. München 2017.

Fraling, Bernhard Art. Indifferenz, in: LThK3, Bd. 5 (1996), 468 f.

Fleckenstein, Gisela Deutsche Franziskaner im Ersten Weltkrieg, in AFH 108 (2015), 555–581.

Fleckenstein, Gisela Die Franziskaner im Rheinland 1875–1918. Franziskanische Forschungen 38. Werl 1992.

Gatz, Erwin Die Katholische Kirche in Deutschland im 20. Jahrhundert. Freiburg 2008.

Griesenbrock, Heribert Fünfhundert Jahre Klostergeschichte, in: Griesenbrock, Heribert (Hrsg.) FS 500 Jahre Franziskaner in Dorsten. 1488–1988. Werl 1988, 47–84.

Grolmann P. 65 Jahre evangelische Gemeinde Buer. Zur Geschichte der Jubilare, in: Knecht, Heiner 500 Jahre Freiheit Buer. Blätter zur Jubliäumsfeier vom 14. bis 21. Mai 1950. Herausgegeben von der Kreishandwerkerschaft, dem Einwohner- und Heimatverein Buer, 69–81.

Grosse Kracht, Klaus Das ‚Katholische Feld‘. Perspektiven auf den Katholizismus des 19. und 20. Jahrhunderts im Anschluss an Pierre Bourdieu, in: Henkelmann, Katholizismus transnational, 53–72.

Henkelmann, Andreas u. a. (Hrsg.), Katholizismus transnational. Beiträge zur Zeitgeschichte und Gegenwart in Westeuropa und den Vereinigten Staaten. Münster 2019. (= Katholizismus transnational)

Hengsbach, Franz Bruder Jordan und die Bergleute, in: BJW 1 (1954), 70–72.

Hengsbach, Franz Bruder Jordan und die Bergleute (III), BJW 2 (1955), 37–40.

Hengsbach, Franz Bruder Jordan und die Bergleute (IV), BJW 3 (1956/1), 4.

Högl, Günther „Wir werden Euer Werk vollenden". Denk- und Grabmal für die „März-Gefallenen" von 1920 zur Erinnerung an den Widerstand der „Roten Ruhrarmee" gegen die nationale Reaktion, in: Heimat Dortmund. Stadtgeschichte in Bildern und Berichten 2/2007, 40.

Hunecke, Markus Das Franziskanerkloster in Münster (II), in: BJW 35 (1988/3), 14–20.

Hunecke, Markus Das Franziskanerkloster in Neviges, in: BJW 35 (1988/4), 20–22.

Hunecke, Markus Harreveld, in: BJW 34 (1987/4), 20 ff.

In der Schule der Heiligkeit. Von Bruder Jordan und seinem Novizenmeister, in: VS 26 (1945), 221.

Kirchenführer Gelsenkirchen-Buer. Propsteikirche St. Urbanus. 2. neu bearbeitete Auflage, Regensburg 2018.

Knecht, Heiner 500 Jahre Freiheit Buer. Blätter zur Jubliäumsfeier vom 14. bis 21. Mai 1950. Herausgegeben von der Kreishandwerkerschaft, dem Einwohner- und Heimatverein Buer.

Köllmann, Wolfgang – Hoffmann, Frank – Maul, Andreas E., Bevölkerungsgeschichte, in: Köllmann, Das Ruhrgebiet im Industriezeitalter. Bd. 1, 111–197.

Köllmann, Wolfgang Korte, Hermann Petzina, Dietmar Weber, Wolfgang (Hrsg.) Das Ruhrgebiet im Industriezeitalter. Geschichte und Entwicklung, 1. und 2. Band, Düsseldorf 1990. (= Das Ruhrgebiet im Industriezeitalter)

Kohl, Wilhlem Kleine westfälische Geschichte. Düsseldorf 1994.

Kordwittenborg, Hans-Ulrich Die Gründung des Franziskanerklosters in Dortmund, in: Franziskanerkloster Dortmund (Hrsg.) Franziskaner in Dortmund: 100 Jahre Franziskanerkloster in Dortmund. Werl 1995, 46–60.

Kuster, Niklas Konrad von Parzham. Menschenfreund und Gottesmann. Kevelaer 2018.

Lindemann, Gerhard Von der Novemberrevolution bis zum Zweiten Vatikanischen Konzil (1918–1962), in: Geschichte der Sächsischen Franziskanerprovinz, 289–632.

Lill, Rudolf, Die Länder des Deutschen Bundes und die Schweiz 1830–1848, in: Jedin, Hubert (Hrsg.) Handbuch der Kirchengeschichte. Bd. VI. Freiburg, Basel, Wien 1985, 392–408.

Luntowski, Gustav Geschichte der Stadt Dortmund. Dortmund 1994.

Meinert, Georg, 1000 Jahre Buer. Die Chronik. Die Serie der WAZ Buer zum Jubiläum. Gelsenkirchen-Buer 2003, 6–8.

Meiwes, Relinde „Arbeiterinnen des Herrn". Katholische Frauenkongregationen im 19. Jahrhundert. Frankfurt a. Main 2000.

Mörs, Werner Die Zünfte in der Freiheit Buer, in: „Meine Heimat. Ein Buch für Schule und Haus" Herausgegeben vom Heimatverein Buer, 1954, 56.

Montag, Paul Tillmann, Elisabeth Spieker, Brigitte Höltershinken, Dieter (Hrsg.) Die Katholische Kirche in Dortmund. Ihre Geschichte und ihre Pfarrgemeinden. Paderborn 2006. (= Katholische Kirche in Dortmund)

Nachruf auf Br. Adolf Schräer, in: VS 14 (1933), 27 ff.

Nachruf auf Br. Jordan Mai, in: VS 1 (1922), Heft 1.

Nachruf auf Br. Wolfgang Meschede, in: VS 21 (1940), 25.

Nachruf Br. Daniel Kemper, in: VS 21 (1940), 65.

Nachruf P. Athanasius Bierbaum, in: VS 68 (1987), 45–60.

Nachruf P. Eleutherius Ermert, in: VS 34 (1953), 229–240.

Nachruf P. Ubald Michels, in: VS 32 (1951), 200–209.

Neugebauer, Karl-Volker Des Kaisers „schimmernde Wehr", in: Grundkurs deutscher Militärgeschichte. Bd 1. Die Zeit bis 1914. Im Auftrag des Militärgeschichtlichen Forschungsamtes. Herausgegeben von Karl-Volker Neugebauer. 2., durchgesehene und überarbeitete Auflage. München 2009, 378–453.

Niess, Wolfgang Die Revolution von 1918/1919. Der wahre Beginn unserer Demokratie. Berlin 2017.

Niewiadomski, Józef Dieses Herz ist anders, in: Herderkorrespondenz 10/2020, 27–29.

Rahner, Karl Vorgrimmler, Herbert Kleines Konzilskompendium. Sämtliche Texte des Zweiten Vatikanums. (23. Auflage) Freiburg 1991, 361–382.

Rakemann, Kirsten Gregor Janknecht. Fünfmaliger Provinzialminister zwischen 1855 und 1891, in: Berg, Dieter (Hrsg.) Management und Minoritas. Lebensbilder Sächsischer Franziskanerprovinziale vom 13. bis zum 20. Jahrhundert. Kevelaer 2003, 209–268.

Reininghaus, Wilfried Entwicklung und Struktur des Handwerks, in: Köllmann, Das Ruhrgebiet im Industriezeitalter. Bd. 1, 395–433.

Schmiedl, Joachim (Hrsg.), Vom Kulturkampf bis zum Anfang des 21. Jahrhunderts. Geschichte der Sächsischen Franziskaner-Provinz von der Gründung bis zum Anfang des 21. Jahrhunderts. Bd. 3. Paderborn 2010. (= Geschichte der Sächsischen Franziskanerprovinz)

Schmiedl, Joachim Vom Zweiten Vatikanischen Konzil bis zum Beginn des 21. Jahrhunderts, in: Geschichte der Sächsischen Franziskanerprovinz, 891–896.

Schürmann, Waltram Auch Bruder Jordan pilgerte nach Werl, in: BJW 8 (1961), 69.

Schürmann, Waltram Schwester Maria Festina Stiegen, in: BJW 21 (1974/2), 20 f.

Tenfelde, Klaus Soziale Schichtungen, Klassenbildung und Konfliktlagen im Ruhrgebiet, in: Köllmann, Das Ruhrgebiet im Industriezeitalter. Bd. 2., 121–217.

Vauseweh, Arno Die Pfarrei St. Urbanus Buer im Jahrhundert der Erbauung ihres „Domes". Eine Gemeinde auf dem Weg ins Industriezeitalter, in: Gerd Fischer (Hrsg.), Buersches Lesebuch, 1000 Jahre Buer 1003 – 2003, Verein für Orts- und Heimatkunde e. V. Gelsenkirchen-Buer 2003, 150.

Vöge, Hugo Johann Heinrich Lappe. Pfarrer an St. Urbanus Buer (1820–1878), – Seelsorge in politischer, sozialer und wirtschaftlicher Umbruchszeit. Ein dokumentarischer Bericht., in: Beiträge zur Stadtgeschichte. Bd. XVI. Verein für Orts- und Heimatkunde. Buer 1990, 118–130.

Vonderheide, Meinrad Bruder Jordan und die Botin des göttlichen Herzens, in: BJW 5 (1958), 6–10.

Voß, Hugo Die Kohle erobert Buer, in: Meine Heimat. Ein Buch für Schule und Haus. Herausgegeben vom Heimatverein Buer. Buer 1957, 31.

Wenner, Joseph, Bruder Jordans Elternhaus / Geschwister, in: BJW 6 (1956), 4–7.

Werbick, Jürgen, Den Glauben verantworten. Eine Fundamentaltheologie, 3., vollständig neu bearbeitete Auflage, Freiburg, Basel, Wien 2005.

Wessel, Werenfried Den Menschen nahe sein. Franziskanische Präsenz in der Großraum-Siedlung Dortmund-Scharnhorst, in: Franziskanerkloster Dortmund (Hrsg.) 100 Jahre Franziskaner in Dortmund. Werl 1995, 168–174.

Wiebringhaus, Paohlbörger un Taugetrockene, in: Meine Heimat. 3. Teil. Ein Buch für Schule und Haus. Herausgegeben vom Heimatverein Buer. Buer 1957, 44.

Wirtz, Heiner Katholische Gesellenvereine und Kolpingsfamilien im Bistum Münster. 1852–1960. Münster 1999.

Zur Geschichte des Noviziates der Sächsischen Franziskaner-Ordensprovinz. Das Noviziat in Harreveld, in: VS 26 (1945), 229.

Zeitleiste zum Leben von Bruder Jordan Mai

1. September 1866:	Geburt im zu dieser Zeit noch ländlichen Buer
1873:	Einschulung im Schatten des sich verschärfenden Kulturkampfes
1880:	Schulentlassung, Beginn der Sattler- und Lohgerberlehre beim Vater
1883:	Mitgliedschaft im Gesellen-Verein
1885:	Eintritt der leiblichen Schwester Gertrud bei den Franziskanerinnen in Valkenburg aan de Geul
08. August 1885:	Firmung gemeinsam mit weiteren 1338 Firmanden, der Kulturkampf klingt ab
1886–1888:	Wehrdienst in Münster
10. April 1889:	Reservist im preußischen Heer während des großen Bergarbeiterstreiks, Teilnahme an der Schießerei an der Zeche „Graf Moltke" in Gladbeck
Ende August 1890:	letzte Messe vor dem Abriß in der rund 600 Jahre alten St. Urbanuskirche
05. Februar 1892:	Tod der Mutter
20. April 1892:	Eintritt der leiblichen Schwester Antonetta bei bei den Schwestern Unserer Lieben Frau in Mühlhausen
10. Oktober 1893:	Einweihung des Neubaus der Kirche St. Urbanus, Buer
1894:	Religiöse Jugendwoche mit P. Ferdinand Hucklenbroich SJ; Entschluss Franziskaner zu werden
Januar 1895:	Beginn der Probezeit in Harreveld

Zeitleiste zum Leben von Bruder Jordan Mai

05. Juni 1895:   Tod des Vaters

18. August 1895:   Ordenseintritt in den klösterlichen Dritten Orden

Anfang Januar 1896: Versetzung nach Paderborn, Arbeit als Hilfskoch

30. August 1896:   Profeß im Dritten Orden in Harreveld

21. Oktober 1897:   Versetzung als Haupt-Koch nach Münster

15. Dezember 1899: Versetzung als Hilfskoch nach Neviges

18. August 1900 bis
29. August 1901:   Noviziat für den 1. Orden in Harreveld, anschließend Versetzung nach Dingelstädt als Hauptkoch

03. September 1904: Feierliche Profess in Dingelstädt; Leiden an starken Kopfschmerzen

27. Januar 1907:   Umzug nach Dortmund, Arbeit als Hilfskoch und Refektorar

07. Juli 1919   Oberschenkelhalsbruch, anschließende gesundheitliche Komplikationen

17. März 1920:   Während der bürgerkriegsähnlichen Zustände in Dortmund versteckt sich ein Freikorpshauptmann im Dortmunder Franziskanerkloster. Jordan soll nach Rietberg weggeschickt werden.

20./21. Januar 1922: Tabernakelraub in der Klosterkirche Dortmund

20. Februar 1922:   Tod von Bruder Jordan

24. Februar 1922:   Requiem und Beisetzung im Schatten der beginnenden Inflation

16. November 1923: Erster schriftlicher Beleg für die Jordan-Verehrung